DE LA STATVE

ET

DE LA PEINTVRE

TRAITÉS

DE

LEON-BATTISTA ALBERTI

NOBLE FLORENTIN

TRADVITS DV LATIN EN FRANÇAIS

PAR

CLAVDIVS POPELIN

A PARIS

CHEZ A. LÉVY, ÉDITEUR

29, RUE DE SEINE

—

1869

Au baron Ch. Davillier

très cordial souvenir

Claudius Popelin

DE LA STATVE

ET

DE LA PEINTVRE

Disce bonas artes, moneo, Romana juventus.

(OVIDE, I., *De arte amandi*.)

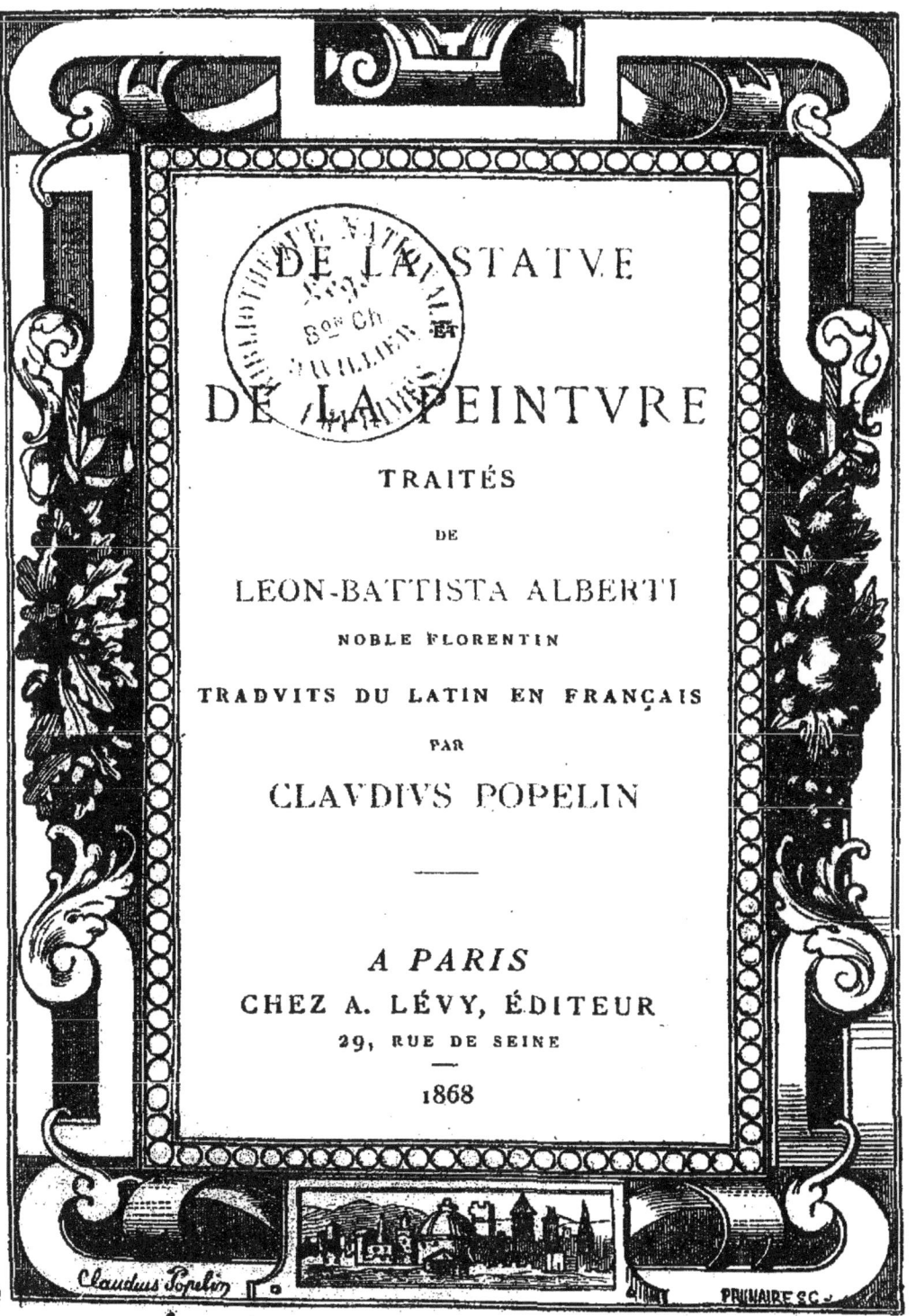

DE LA STATVE

ET

DE LA PEINTVRE

TRAITÉS

DE

LEON-BATTISTA ALBERTI

NOBLE FLORENTIN

TRADVITS DU LATIN EN FRANÇAIS

PAR

CLAVDIVS POPELIN

A PARIS

CHEZ A. LÉVY, ÉDITEUR

29, RUE DE SEINE

1868

A SAINTE-BEUVE

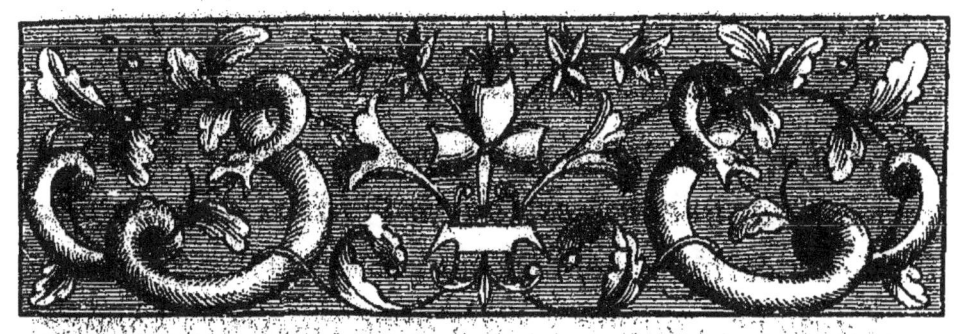

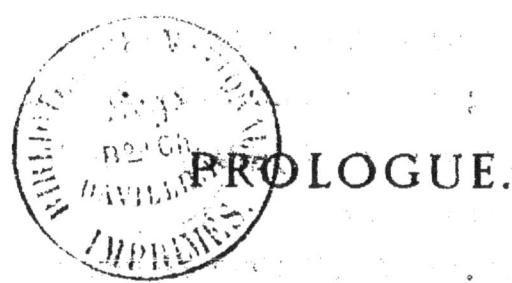

PROLOGUE.

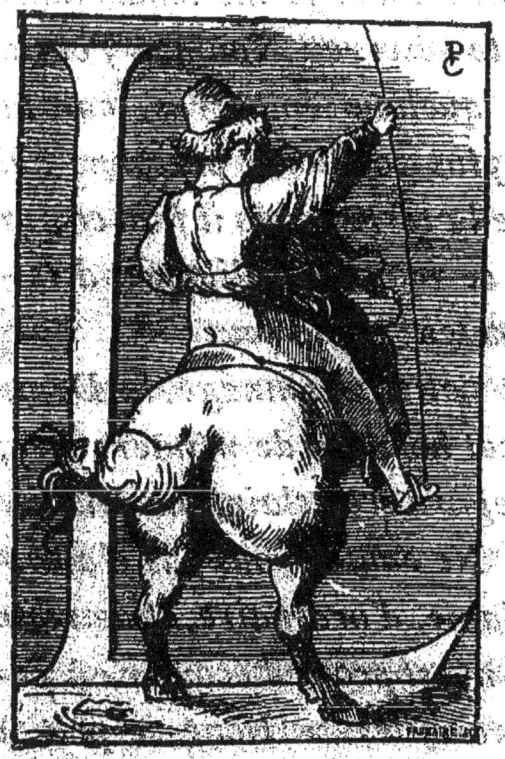ecteur bienveillant, je te présente un nouveau livre. A ceux qui ne sont pas mes amis j'adresserai cette prière de ne pas l'ouvrir ; mais qui m'aime aimera mon chien, lequel, s'il n'est de noble race, a du moins cette qualité de ne mordre pas. Tourne donc la page, et sois indulgent pour cet humble travail que j'ai fait aux heures dérobées sur mes petites affaires.

Et d'abord, si tu veux me permettre de commencer par une digression, je te dirai d'où me vint l'idée de cette entreprise.

Naguère, comme j'étais avec plusieurs hommes de bien, tant peintres qu'écrivains, chez une noble Dame, il advint qu'après le repas où elle nous avait conviés, on devisa de choses et d'autres, passant des menus propos aux plus grands, et vice versa, comme c'est coutume.

Là, assez nouveau, d'ailleurs, et peu privé, me sentant le moindre entre tous, je me tenais dans une discrète et prudente réserve. Non que j'eusse crainte ou éprouvasse quelque embarras, car la Dame de léans est la plus courtoise personne qui se puisse voir par toute la terre ; mais il faut croire que j'avais en l'esprit ce mot des Soliloques d'Isidore : Sint tua verba pauca, *parle peu.*

Donc, avisant mon petit personnage, la Dame de la maison me fit cet honneur de m'interpeller, et, me fixant de son regard très-clair, me dit avec un gracieux parler : « Ne causez-vous pas d'aventure ? — Oui-dà, madame, d'ordinaire, et de reste à mes heures ; mais ce m'est profit d'écouter : à petit chaudron grandes oreilles. » Dont se prit à rire la bonne Dame. « Çà, fit-elle, je veux que vous soyez à l'aise en ma maison ; rompez cette re-

tenue, je vous en prie et vous l'ordonne. » Puis, se tournant vers quelques-uns en me désignant : « Voyez-le, il n'est pas encore acclimaté céans, ainsi tous êtes-vous dès l'abord, et si longtemps qu'il vous faut de force pendre au cou vos lettres de naturalisation. Or, je vous adjure de laisser là cette coutume qui sied mal à des hommes de valeur. Aussi bien, tels, n'êtes-vous pas vous-mêmes. Votre esprit, gentil d'ordinaire et qui volontiers ouvre ses ailes, demeure opprimé dans cette cage de timide maintien. Restituez-lui son vol, autrement c'est me faire tort d'autant. »

Je vous laisse à penser si ces bonnes paroles d'une personne qui nous peut faire tous les biens et honneurs du monde nous réjouirent tant que nous étions. Quant à moi, j'en fus fort aise, et pour l'en remercier la saluai-je très-doucement, encore que j'eusse pu, en toute révérence et soumission, baiser sa belle main, si j'eusse eu plus mâle courage.

Or, comme l'autorité de son commandement m'eut fait croître le cœur, je pris part à la conversation, où elle fit merveille, étant de sa personne très-bien entretenue à l'exercice des lettres humaines et on ne peut mieux instituée. Chacun, d'ailleurs, stimulé du désir de satisfaire la ver-

tueuse inclination qu'on lui sait aux arts, s'efforça
de se bien montrer, et, vu la complexion des esprits, on ne sut, devisant de cent mille besognes,
en trouver aucune qui ne retournât sans cesse aux
beaux-arts. Ce fut bientôt le seul texte des causeries de toute l'assemblée.

J'entendis de belles théories, des préceptes admi-
rables, des observations profondes, des doctrines
savantes. Je compris bien cette belle sentence
grecque de je ne sais plus quel poëte :

Ἡ μεγάλη παίδουσις ἐν ἀνθρώποισι σιωπή !

O la grande discipline que le silence parmi les
hommes !

Car, je dois faire cet aveu que j'étais retombé
dans mon mutisme. Aussi bien, assistant à une
joute courtoise où les débris des lances étaient encore de si beaux morceaux, je ne fus pas assez mal
avisé que d'y faire pénader mon cheval, et j'obser-
vai sans peine, à mon profit, ce commandement
émané de la sagesse de nos pères : Apprends moult,
parle peu ni prou.

Toutefois, rentré dans mon logis et songeant à
part moi, avant que de dormir, au feu d'artifice

de bonne doctrine qui m'était parti devant les yeux,
il me vint cette idée d'allumer en mon particulier
les menues fusées que j'avais en poche. Et comme,
le lendemain au matin, j'étais monté dans ma bibliothèque, je m'assis dans mon grand fauteuil et
je pris mon plus beau papier.

O phénomène bizarre des opérations du cerveau !
Tout s'était évaporé ! Mes idées, si nettes pendant
la nuit, m'apparurent excessivement confuses. Le
peu que j'en pouvais rassembler était d'une bana-
lité révoltante. Combien de temps mordillai-je les
barbes de ma plume ? Je ne saurais le dire. Stupé-
fait, je considérais, sans penser, les volumes ali-
gnés sous leurs livrées multicolores ; et, m'écriant
avec le bon Richard de Bury, chancelier d'Angleterre : « O libri, soli liberales et liberi ! *O livres,
vous qui seuls possédez la libéralité comme la liberté !* Qui omni petenti tribuitis ! *qui accordez tout
au premier requérant !* » j'allai leur demandant
s'ils n'avaient pas vu par hasard la clef de mon
entendement. Je m'approchai d'eux, j'ouvris les
vitres, j'aspirai la forte odeur des basanes, chère
aux bibliophiles, je maniai avec amour les vieux
parchemins contemporains des vieux types. Or
j'avisai un volume dont le vélin luisant et jauni par
un usage de trois siècles avait cet air vénérable des

bonnes choses antiques, et, l'ouvrant, je lus ce titre au milieu d'une belle image, suivant la coutume de ces temps :

OPUSCOLI MORALI
DI
**LEON-BATTISTA
ALBERTI**
gentil'huomo firentino
ne' quali si contengono molti ammaestramenti
necessarii al viver del Huomo così posto
in dignità come privato
Tradotti et parte correti da M.
COSIMO BARTOLI
In Venezia appresso Francesco Franceschi, Sanese, 1568.

Là, entre autres petits traités philosophiques ou scientifiques qui ont leur prix, se trouvent ceux della Statua et della Pittura.

Bien jeune, je les avais lus à Florence. J'avoue que je ne les avais pas goûtés. Cela m'avait paru trop naïf. Je l'étais moi seul un peu trop. C'est un mal dont chaque année emporte quelque chose. Bref, je les relus. Avec tant de science j'admirai tant de simplicité, je fus touché de cet amour du bien faire qui ressort des œuvres des maîtres, et lorsque j'eus fini cette lecture je fus comme désensorcelé. Il semblait que l'enchanteur qui m'avait mystifié revenait, vaincu par ce charme, me rendre la possession de mes idées. Mais je pensai que je les devais laisser de côté, quitte à les reprendre plus tard, et que, par reconnaissance pour mon vieux livre, par sollicitude pour mes amis, je ferais mieux de mettre ceux-ci à même de lire celui-là dans notre propre langue, que de donner au public mes élucubrations personnelles.

Certes, le législateur de l'académie degli Umidi, *Cosimo Bartoli*, prieur de San-Giovanni, humaniste et mathématicien, que Crescimbeni crut même devoir mettre au rang des poëtes pour une Canzone qui se trouve après le troisième des Ragionamenti sopra alcuni luoghi di Dante, *le traducteur de l'Architettura de Leon-Battista Alberti, a fait une excellente translation des œuvres morales de cet auteur;* mais, ce petit mot du titre et parte corretti *me fit appréhender qu'il n'ait été quelque peu* traditore, *suivant la coutume proverbiale de tout* traduttore *d'ancien régime*. Je crus qu'il serait plus consciencieux de faire mon travail sur le texte original, qui est en latin et qu'on trouve, du moins pour le traité de la Peinture, à la fin du Vitruve des Elzevirs. Cependant je dois déclarer, en toute justice, qu'à part quelques interpolations et quelques lacunes insignifiantes, la traduction de Bartoli est fort exacte.

Leon-Battista Alberti n'était plus jeune lorsque

naissait le Vinci. Il était mort, lorsque ce dernier quitta la Toscane. De ces circonstances ressort une partie de l'intérêt qui s'attache à ce livre. Le plus grand des artistes florentins et peut-être de tous les artistes, Léonard, a mis toute la peinture en quelques pages parvenues mutilées jusqu'à nous. On n'a pas, c'est un grand malheur, le traité qu'en fit, dit-on, Raphaël, et qui ne devait pas être plus volumineux. Celui d'Alberti, antérieur de beaucoup à ceux de ces hommes divins, peut passer pour en être le père. Il est presque le contemporain de celui de Cennino-Cennini, qui, on le sait, écrivit son livre curieux et naïf dans la prison delle Stinche en l'année 1437. Alberti approchait alors de l'âge sérieux de quarante ans. Il était en pleine maturité. Il habitait la même ville que l'élève d'Agnolo de Florence. Cependant quelle distance entre son savoir et celui de son compatriote ! Cennino da Colle di Valdelsa est encore un primitif. Il ne s'est pas dégagé de la raideur byzantine et des traditions hiératiques. En perspective, c'est un pur enfant, il bat les lignes sans préoccupation mathématique et coule dans un moule commun la configuration des fabriques. En dessin, il entend que la femme et les animaux déraisonnables n'aient pas de mesures certaines. En anatomie, il veut que l'homme compte dans la partie gauche une côte de moins que sa compagne. Esprit entièrement du moyen âge, c'est au nom de la Sainte-Trinité qu'il nous apprend à faire la colle de pâte. Alberti appartient à la Renaissance féconde et païenne. La Vierge, saint Eustache, saint Jean-Baptiste, saint Antoine de Padoue, et généralement tous les saints et saintes de Dieu, n'ont que voir dans son enseignement. Le livre de Cennino Cennini diffère peu de celui du moine Théophile, qui lui est antérieur de deux siècles; le traité d'Alberti est tout proche parent de celui de Léonard de Vinci, qu'il précède de cinquante ans. Il est on ne peut plus concis. Qui le connaît? qui l'a lu? Et, cependant, il inaugure l'ère de la vraie science graphique. Premier écho d'une méthode scientifique, il écrit sur la stèle académique ce mot sage que Platon affichait sur son école : « Qu'il n'entre pas ici, celui qui n'est géomètre. »

De nos jours, où l'on traite des arts avec tant de facilité et souvent si peu de notions, il est juste et salutaire de donner au public les écrits des bons maîtres qui tracèrent la théorie des arts plastiques. C'étaient de grands artistes. Laissez-moi croire que cela leur conférait quelque autorité. Ils n'en abusaient pas pour être incompréhensibles et prolixes, mais ils attachaient une importance capitale aux principes, persuadés que, pour aller loin, l'essentiel est de bien partir.

Aujourd'hui on est plus compliqué, et l'emploi des termes métaphysiques donne de l'importance à l'enseignement. Tel point insignifiant de l'art fournit parfois matière à des volumes. En vérité, il faut, comme dit Molière, que les gens de ce pays-ci soient de grands babillards.

En ce temps d'esthétique, chacun semble prendre l'art pour le pré communal où de droit peut paître sa bête. Dans une langue remarquable, mais qui pour nous, simples artistes, n'est souvent que du haut allemand, des esprits très-déliés, érudits, faconds, aptes, comme les avocats, à tout aborder grâce à l'éloquence, sautent tout bottés sur la critique artistique, et les voilà partis. En les voyant, si braves, mener sans broncher leur galop à travers les hautes futaies de la théorie, il n'est si petit écolier, transfuge de rhétorique, qui ne se croie le droit de s'intituler critique d'art et le caractère suffisant pour exercer ce sacerdoce. Alors qu'il va trottinant doucement sur le bidet de sa métaphysique, distribuant palmes et férules, hélas! combien encore le suivent à califourchon sur un bâton et remplissent de bruit les gazettes! Qu'est-ce à dire? Suivant la vieille locution gauloise, l'école a-t-elle couché ouverte, que les ânes parlent latin? Chacun s'en mêle à présent, et nous pouvons dire avec le bonhomme Scarron :

> Un barbier y met bien la main,
> Qui, bien souvent, n'est qu'un vilain,
> Et dans son métier un grand aže.

Mais l'esthétique est un pavillon qui couvre la marchandise, et, dès qu'elle resplendit quelque part, comme le tétragramme hébraïque de Jehovah, il semble qu'il faille s'incliner, et qu'il y ait là un sanctuaire.

Les Grecs entendaient par Αἴσθησις, la faculté de sentir. Les modernes en ont fait l'esthétique ou science des sensations. Le jour où Baumgarten, professeur de philosophie à Francfort sur l'Oder, émit, le premier, ce grand mot, il ne se doutait guère de l'énorme consommation qu'en ferait un jour la critique. Incompris des foules, il retentit avec l'autorité d'une trompette qui commande le silence. Les théories transcendentales s'en taillent des robes doctorales. Il y a bien des élucubrations boiteuses auxquelles il sert de béquille, et les pédants s'en font litière. Je ne lui veux aucun mal, mais je trouve que, jusqu'ici, il a fait plus couler d'encre qu'il n'a versé de lumière.

C'est que vouloir établir les principes du beau dans les arts, est chose absolument impossible sans la connaissance approfondie des règles mathématiques qui servent à constater sa présence dans les corps, ou à l'y mettre quand on les représente, la pratique des arts en un mot. Quant à la philosophie du goût, elle n'est qu'une science en l'air, si on veut soumettre son essence à des axiomes définis, au lieu de constater purement et simplement ses phénomènes, qu'il faut savoir encore apprécier par principes.

En somme, Baumgarten ne peut nous dire si la perfection gît dans la forme externe des objets, ou tout simplement dans la manière de la sentir, et, comme tout bon Allemand, il tombe dans le duel éternel de l'objectif et du subjectif. Bref, sa conclusion est que nos idées touchant le beau sont encore enfouies dans le vague.

En vain Mendelssohn espère éclairer ces ténèbres; sa lampe s'éteint, en plein labyrinthe des opérations de l'âme dans la connaissance du beau. Sulzer, pour distinguer entre le bon, le parfait et le beau, ne nous rend pas ce dernier plus palpable qu'Eberhard ou Lessing ne le font eux-mêmes. Kant, le grand Kant, affirmatif là où Baumgarten hésite, place hardiment le beau dans les fa-

cultés de l'entendement humain, et nullement dans les objets. Dieu nous préserve de le suivre dans les inextricables méandres du beau libre et du beau adhérant! Fichte en fait une affaire de morale. Jean-Paul Richter effleure la question, mais ne la résoud pas. Les manuels de Krug et de Solger, l'esthétique de Grüber nous laissent tout à fait incertains.

Il serait malheureux, toutefois, pour l'honneur de l'esprit humain, que ces grands hommes n'eussent pas entrepris leurs ouvrages, comme il est éternellement regrettable que Baumgarten n'ait pu terminer son Æsthetica. Les conceptions philosophiques qui s'en dégagent ajoutent à la gloire du raisonnement et contribuent au développement de l'art de penser; mais leur action sur les beaux-arts n'est que celle d'une des formes variées de la philosophie qui, en toute science, a pour but de rechercher les lois du progrès, et qui ne saurait faire avancer l'art graphique autrement qu'en développant l'esprit de l'artiste et ses facultés pensantes; résultat précieux, digne d'être poursuivi dans un enseignement bien entendu, qu'un psycologue émérite tel que mon ami Henri Taine ne devait pas trouver au-dessous de sa grande érudition et de son rare talent.

D'ailleurs, cette préoccupation constante de rechercher les lois et les conditions de la beauté établit que celle-ci n'est pas un vain mot. Est-il si malaisé de la définir ? Le beau, n'est-ce pas l'effet apparent des lois qui constituent et conservent l'être ? Que ce soit la vertu, que ce soit l'art, c'est la même poursuite du beau, dans l'ordre moral comme dans l'ordre physique. Si c'est une erreur étymologique, c'est, du moins, un sentiment très-fin du génie latin que de faire dériver le mot ars *du mot grec signifiant la vertu :* ἀπὸ τῆς ἀρετῆς. *L'art, en effet, est la recherche, la constatation et la glorification de la vertu physique, par rapport à la forme. La vertu physique c'est le beau plastique, c'est une juste proportion, un rapport harmonique de la grâce, d'où naît l'aisance, la légèreté, la mobilité, et de la force qui engendre la durée et la conservation.*

Cependant, de même que Moïse ne voyait pas la face de Dieu, mais le dos, comme dit la Bible, ainsi, dans notre aperception de la beauté idéale, ne voyons-nous que le côté relatif, l'aspect absolu nous demeure voilé. O beauté, vierge étincelante qui baigne toute nue dans la splendeur céleste, tu éveilles dans les âmes le sentiment de ton être et tu les diriges à l'amour ! C'est toi qui allumes cette ardeur de jouir de cette quintessence de perfection dont chacun aperçoit chez autrui comme un reflet de celle qu'il aimerait en soi, qu'il se prend à désirer, et dont il veut jouir, afin de s'aimer, de se désirer et de jouir de soi-même.

S'il est vrai que l'homme, en naissant, n'a pas la vision rectifiée, et méconnaît les effets de la perspective aérienne, — qui n'a vu un petit enfant vouloir saisir une étoile? — il faut donc qu'une série d'opérations établisse dans son intellect une notion que ses sens tout d'abord lui refusent. L'artiste est à l'homme qui ne fait pas de sa vue un instrument perpétuel d'étude, ce que cet homme est au petit enfant. Car celui-là, dans les questions d'art, veut aussi saisir des étoiles. Comme il serait surpris si on lui affirmait qu'il ne voit pas juste, et quelquefois même pas du tout!

Cicéron dit quelque part : Multa vident pictores in umbris et in eminentia, quæ nos non videmus. Les peintres voient dans les ombres et dans le relief bien des choses que nous n'apercevons pas. Les ombres et le relief, c'est-à-dire la forme et l'effet.

Le savoir est donc une vision plus pénétrante des choses. Il y a une vision externe qui montre les objets tels qu'ils sont, et une vision interne qui montre les principes rationnels. Perfectionner la

première et en faire un instrument de plus en plus
infaillible, acquérir la seconde et posséder le jeu
de son fonctionnement, c'est ce que fait l'artiste;
c'est ce que doit faire aussi le critique d'art qui
prétend sortir de l'historiographie ou de l'archéologie, et dicter, en chaire, les nobles théories. Et
quel est le magicien qui nous donne cette double
vision? C'est le dessin.

Les Iconologues italiens, entre autres Cesare
Ripa, représentent le dessin sous la figure d'un
jeune homme élégant et vigoureux, tenant en main
le compas et le miroir. Quelquefois, cependant, c'est
sous la forme d'un robuste vieillard muni des
mêmes attributs. Cela, soit qu'ils entendent exprimer la beauté, la force et la foi que réclame cet
art, soit qu'ils veuillent faire comprendre qu'il est
le père de la peinture, de la sculpture et de l'architecture; et lui donnent alors de préférence aux
traits d'un héros le grave et mûr maintien qui sied
à la paternité. Mais les accessoires emblématiques
de ces deux figures sont les mêmes, parce qu'ils
expriment la connaissance des mesures et la per-
ception juste des objets. En effet, voir juste et mesurer, tout est là.

Le géométrique, le géométral et le perspectif,
tels sont les trois aspects soumis à des lois dont la

connaissance constitue la science graphique. Ce que Vitruve appelle graphidos scientia.

Le géométrique mesure l'objet et ses superficies; il tombe sous les sens. Suivant le tempérament de l'artiste, il varie dans une donnée restreinte soumise au sentiment de l'harmonie et de l'eurythmie. Cette donnée, les différentes écoles (alors qu'il y avait des écoles) en ont établi l'archétype, pour l'anthropographie, dans un canon invariable, mais que les talents indépendants peuvent toujours modifier selon leur génie afin d'affirmer leur style. Là, surtout, gît l'interprétation libre de la nature et le droit de lui imposer de discrètes et religieuses modifications, subordonnées toutefois aux lois naturelles.

Le géométral constate les rapports entre la hauteur de l'objet et la largeur de son plan, ce qui constitue l'étendue, le spatium corporis, le corps sous ses trois dimensions, ce que les Grecs nommaient τὸ τριχῇ διαστατόν.

Le perspectif établit la circonscription optique apparente des objets. C'est la science des délinéations scénographiques dans les surfaces, occasionnées par l'éloignement et par la position du spectateur.

Le géométral et le perspectif déterminés par les

rapports de la coupe et de l'élévation sont soumis à des lois invariables et mathématiques.

Tout peintre qui ne les saura pas ne sera rien moins qu'un peintre. Tout critique qui les ignorera ne sera qu'un critique sans autorité. La création est l'évolution de la substance éternelle dans le possible; l'art, c'est la fixation de cette évolution par un artifice. Si tu ne connais pas les lois qui régissent cet artifice, comment saurais-tu les mettre en pratique? Et toi, critique, sur quoi pourrais-tu fixer ton jugement? Qui n'a ne peut, c'est inflexiblement vrai. Nul écrivain sans grammaire; sans grammaire nul critique littéraire; sans principes graphiques nul artiste, nul critique d'art non plus. Il faut que ce dernier soit le truchement entre l'artiste et le public, et qu'il traduise la langue du premier au second qui l'ignore. Ce qui fera son éternel honneur, ce qui fait celui de la grande critique, car elle existe, elle a ses maîtres, c'est de dégager l'impression générale par laquelle se traduisent ces mille notions qui n'intéressent que les spécialistes et les doctes, et de la faire toucher au vulgaire, toujours plus frappé par l'expression d'une passion particulière ou d'un trait de détail que par une haute philosophie de la forme, qu'il n'aperçoit que bien indistinctement.

Quand tu sauras cette grammaire de l'art, alors tu philosopheras, et tu le feras mieux, crois-moi, car tes spéculations métaphysiques seront sagement pondérées par une connaissance certaine des principes, et, semblable aux grues qui autrefois, dit-on, pour se tenir également entre terre et ciel, portaient une pierre entre les pattes, tu voleras d'un vol mieux équilibré.

Autrement, enferme-toi dans l'historiographie des arts. Recueille les contrats authentiques, les actes relatifs aux maîtres. Enfonce-toi, comme c'est un peu la mode, dans l'érudition d'inventaire, qui devient de plus en plus stérile; ou bien, endoctrine l'artiste sur la coupe des vêtements, sur l'inconvenance des milieux où sa fantaisie établit sa scène, sur les écarts de son archéologie. Mais, parce que tu auras colligé les codicilles du testament d'un peintre, parce que tu auras découvert les articles secrets des accords d'un autre avec la nièce d'un cardinal, parce que tu auras véhémentement convaincu le troisième d'avoir introduit des Turcs dans des sujets évangéliques et fait dîner le Christ à Venise; parce que tu auras établi par les traditions byzantines que l'âne de Balaam était un mulet, et prouvé victorieusement qu'Abraham allant combattre Chodorlahomor ne portait pas une armure

consulaire, n'estime pas que tu sauras un mot des
maîtres et que tu auras le droit d'en parler. Si tu
ne les a longuement étudiés dans leurs œuvres à
l'aide d'une forte méthode que la connaissance des
règles qu'ils |ont si bien appliquées mettra seule
entre tes mains, tu feras rire à tes dépens les
artistes en leur fournissant matière à raillerie,
comme ce péripatéticien qui fut à bon droit moqué
d'Annibal pour avoir péroré avec plus d'éloquence
que de discernement sur le fait de la guerre devant ce capitaine.

C'est une mission bien élevée que de révéler au
public la belle synthèse harmonieuse d'une œuvre
d'art due à l'étude analytique la plus patiente,
d'indiquer aux jeunes artistes cet équilibre parfait
de l'esprit d'analyse avec l'esprit synthétique, apa-
nage des hommes forts, et de leur apprendre à ramener le particulier au général, opération qui dis-
tingue le penseur : car tout fait ramené aux idées
générales est un signe par lequel on reconnaît
l'homme.

Contempler les réalités, en dégager les grandes
lois et se les assimiler, puis, sous l'influence des facultés créatrices, donner la vie aux matériaux,
voilà ce qu'il faut apprendre au jeune homme. Nous
ouvrons parfois la main que Nature tient fermée

sur ses mystères ; nous y lisons ses secrets, nous les interprétons dans nos œuvres et les rendons sensibles aux hommes. Saisissant l'apparence fugitive des choses, nous fixons la réalité dans des formes plastiques immobilisées, et, donnant un corps à nos sensations, nous les traduisons à autrui en cherchant à les lui faire éprouver. Aider à ce noble commerce, c'est le rôle de la critique. Mais il faut qu'elle soit à la hauteur de cette mission. Quant aux préceptes qui doivent diriger les études, c'est affaire aux maîtres de l'art.

Dernièrement j'eus la fortune de lire quelques pages écrites par M. Guillaume, l'éminent statuaire, à propos d'un enseignement élémentaire des beaux-arts. Je n'ai pas l'honneur de connaître M. Guillaume autrement que par ses œuvres : je n'ai pas été surpris de voir un artiste aussi supérieur écrire aussi bien sur un sujet qui lui est familier, et cela m'a confirmé davantage dans cette opinion que, pour bien parler sur les arts, il faut les connaître grammaticalement et par principes.

C'est un grand danger quand des hommes, abusant de leur esprit, se font un jeu de parler d'abondance sur des matières sérieuses qu'ils n'ont pas étudiées. La facilité à manier des paradoxes ne laisse pas que de leur permettre d'éblouir les personnes confiantes. Étrangers aux arts par leur tempérament, ils ne craignent pas, dans leur appétit désordonné de singularité, de nier des règles qu'ils ignorent et de préconiser de folles théories. Ils ébranlent la foi des naïfs. Ils prêtent un appui coupable aux paresseux, aux ignorants, aux fous, trois catégories d'hommes d'un excessif orgueil.

Mais la critique savante, celle qui, laissant les méthodes aux praticiens, élève le niveau de l'art à la hauteur des études philosophiques, c'est, avec toute la critique d'ailleurs, l'honneur et la conquête de notre époque.

Le criticisme qui prend la mesure de l'intellect humain avant d'admettre une seule de ses opérations a, sur les ruines d'un dogmatisme scolastique, élevé de nos jours une solide maison. Qu'elle soit historique, philologique, littéraire ou artistique, la critique a pour mission de discerner le vrai du faux, et pour devoir de s'informer avant de conclure.

Le sens critique était chez les anciens d'une faiblesse extrême ; nul pendant le moyen âge, il renaît avec l'érudition. Ainsi, Lactance croit aux livres sibyllins, malgré les traces évidentes de contemporanéité. Il croit à l'antiquité des livres d'Hermès. Au seuil de la Renaissance, Marcile Ficin y

croit encore ; mais bientôt Patrizzi s'efforce de con-
cilier avec cette opinion des anachronismes tels que
des allusions à Phidias ou au musicien Eunomios,
et les explique par des interpolations. Bacon,
Locke, Berkeley, Hume, Reide, et la critique naît
et grandit ; Casaubon, Bentley, Hermann, la philologie moderne va naître. Saurait-on admirer
jamais assez ce que la critique a fait de nos jours,
où nous déchiffrons les mythes antiques sur le
cippe hermétique, mieux que les contemporains
des Lagides, et où le Poimandrès et l'Asclépios
nous sont moins obscurs qu'à Stobée, Cyrille,
Lactance ou Suidas.

La critique d'art est toute moderne. Nous lui
devons d'avoir fait apprécier au public les œuvres
des hommes de génie. Elle seule fait toucher du
doigt les beautés qu'un public ignorant ou naïf
n'irait jamais chercher là où elles se trouvent.
Elle a réuni les annales des arts et enregistré les
efforts de l'homme pour évoquer le beau dans sa
pure clarté. Son rôle est en outre éminemment
moral ; elle est la gardienne fidèle et jalouse du
mérite de chacun, et son épée flamboyante écarte
les plagiaires du temple.

Mais surtout elle élève le niveau des études ar-
tistiques. Sans doute, il ne faut pas à tout propos

mettre la philosophie en réquisition et tirer l'anti-
nomie de son écrin pour élucider des questions
d'art; mais vouloir absolument avoir raison de
tout art à l'aide de la mathématique, c'est substi-
tuer un moyen mécanique à l'inspiration et le croire
suffisant. Rendons justice aux écrivains éminents
qui consacrent leur talent à traiter l'esthétique des
arts, et, s'ils ont eu le courage de se faire une éducation spéciale bien assise, payons-leur un juste tri-
but de gratitude et d'admiration. Félicitons-nous
surtout si nous avons touché la fibre sensible
d'hommes délicats et évidemment supérieurs au
public; mais s'il arrive que nos efforts n'obtiennent
pas toujours leur appui, s'ils méconnaissent quelquefois le but que nous avons atteint, conso-
lons-nous-en par notre propre conscience d'artiste. L'art nous donne des jouissances intimes
dont les délicatesses ne sont perçues que par les
initiés. Ceux-ci sont comme cet Aspendius, en son
temps grand joueur d'engins musicaux, qui, alors
qu'il en sonnait à la multitude, s'accompagnait
d'une si basse et si sourde mélodie qu'elle n'était
entendue que de lui seul.

Quant aux détracteurs monomanes, il faut s'en
rire. Detractor diabolum portat in lingua, dit
saint Bernard. Le détracteur a le diable sur la

langue. *Il faut se rire aussi de ces pronosticateurs de misères qui s'en vont prêchant à toute heure que notre époque est en décadence. A les entendre, tout va de mal en pis; c'est le tohu, c'est le bohu! Eh bien; patience, à force de mal aller, tout ira bien. Quant à nous, Messieurs, nous en sommes fâchés, nous ne prendrons pas de vos almanachs.*

Avant tout, ceux qu'il faut toucher, ce sont les maîtres de notre art. C'est d'eux que les éloges et que le blâme doivent nous être sensibles. Constituons nos anciens juges de nos œuvres. Nous le devons bien à ceux qui combattirent devant nous.

Il vieillit, l'artiste qui a parcouru sa voie. Si vaillant qu'il ait été, son éclat passe et sa sève se tarit. Mais il est comme ce symbole de la charité qu'avait adopté pour emblème Isidore Ruberti, auditeur du cardinal Salviati, huomo di molta bonta e di varia eruditione ornato... *C'était un olivier dont les branches se desséchaient, mais dont le tronc distillait un suc nourricier pour les ramuscules issus de ses racines. Ainsi, tout en mourant, il alimente et prépare à la vie l'enfance d'une génération nouvelle, et sa devise peut être comme celle dudit emblème:* moriens reviviscit, *car il nourrit de sa doctrine, qui survit à ses forces, toute cette jeunesse qui naît de lui.*

Oh! l'outrecuidante et vaine opinion que celle de croire qu'on se puisse passer de maîtres! Nature n'a pas permis que quelque chose procédât de rien. C'est ce qu'exprime avec force l'ex nihilo nihil fit des anciens cabbalistes. Bon gré mal gré il faut se rattacher à une école, à un enseignement. L'originalité propre n'en saurait être amoindrie. Mille flambeaux se peuvent allumer à un même foyer. Il est un fond commun de hautes traditions, patrimoine et héritage de tous, source vive de nobles doctrines où se déversent les affluents des principes conquis par les bons maîtres; les zélateurs de l'art s'y peuvent abreuver tout en conservant leur personnalité bien tranchée; c'est ainsi que des oiseaux de plumes diverses se désaltèrent dans une même coupe et s'envolent après par tous les coins du ciel.

Continuer des traditions, c'est le seul moyen de marcher droit. Il faut que l'art soit une chaîne; c'est quand elle se brise qu'il y a décadence. Toute renaissance consiste à rattacher un anneau original à ceux qui pendent du passé. C'est ce qui rend si grand et si fécond le renouveau du XVe siècle.

Le travail énergique, patient, comme celui de la petite abeille à laquelle nous renvoie Salomon; la diligence, ce désir efficace de faire quelque chose pour en voir la fin; l'étude tenace, appliquée, analytique, qui serre le frein à l'imagination de l'homme, lequel, suivant le dire de Platon, à plus besoin de plomb que d'ailes, voilà ce qui fait le grand artiste, si l'on y ajoute la liberté; car ici comme à Ithaque, à cette heure comme au temps du fidèle Eumée, la providence de Zeus enlève la moitié de sa vertu à l'homme tombé dans la servitude.

Mais, comme il est sage de faire son profit de l'expérience des gens d'âge, lis donc, ami, ces petits traités d'Alberti, dont tu trouveras bon que j'esquisse la vie à grands traits, afin que nous fassions plus ample connaissance avec notre auteur et ses ouvrages.

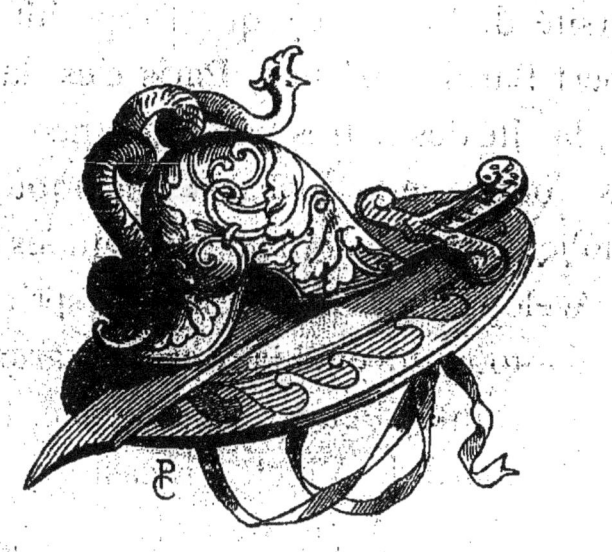

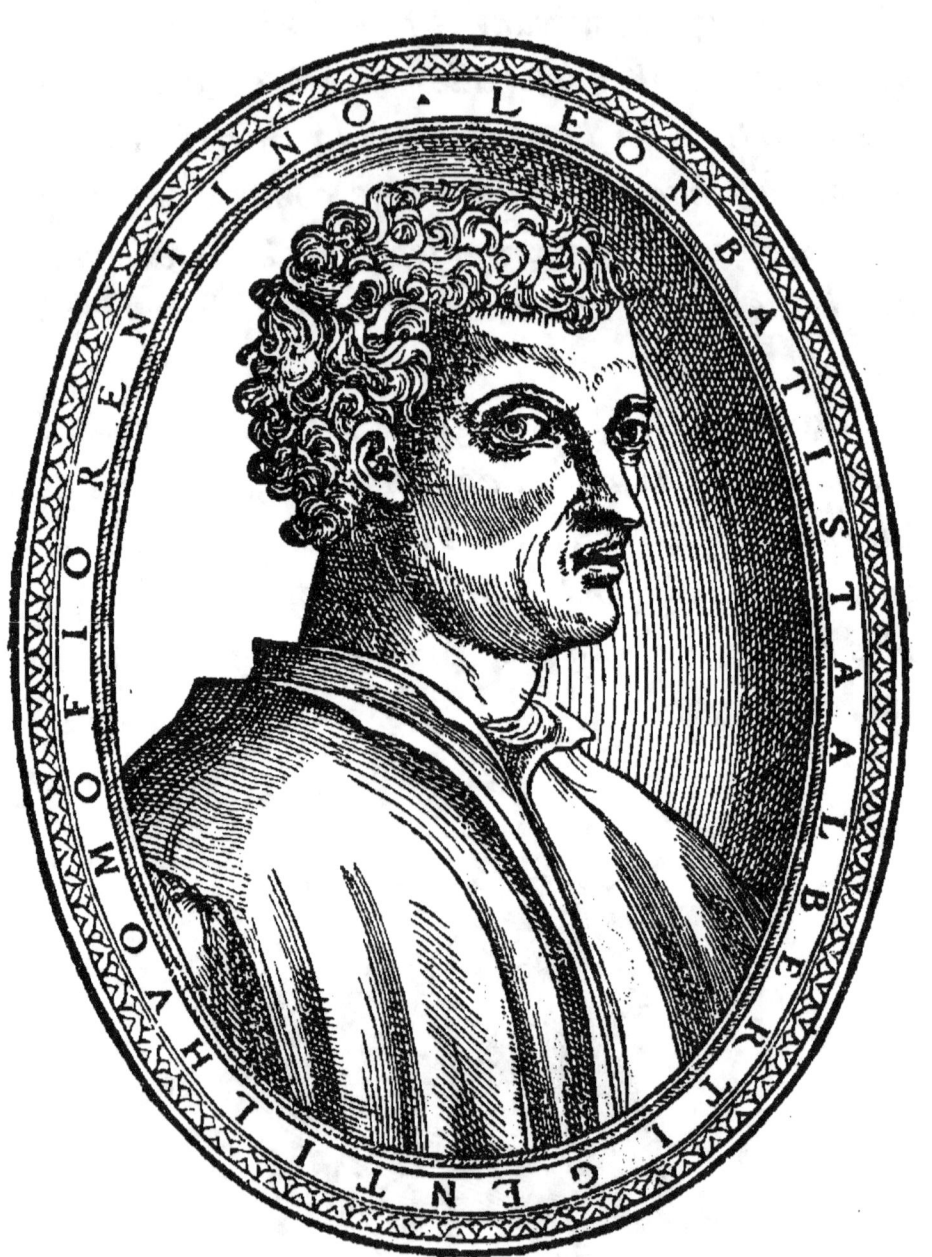

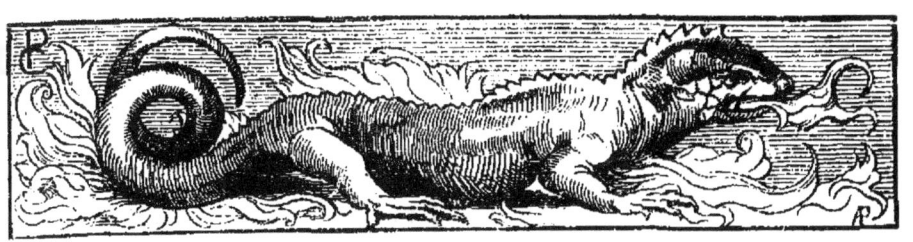

LEON-BATTISTA ALBERTI

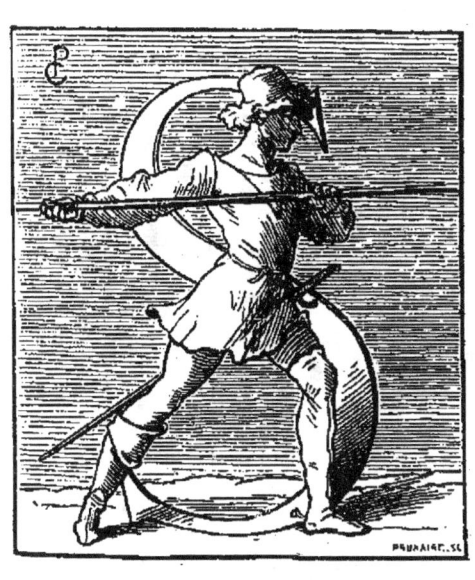

UIVANT Leon Battista lui-même, Ammirato, les abbés Casato et Gamurrini, Benvenuto, Torti et Quirini, la noble et riche famille des Alberti ne porta, du Xe au XIe siècle, que les noms des seigneuries qu'elle possédait. Alberto, un des fils de Benci, seigneur de Catenaia, fit de son prénom le nom même de ses descendants. Suivant l'abbé Gamurrini, c'est la maison d'Accia d'Arezzo qui est la souche des Alberti.

Nicolò Pallanti, chevalier arétin, confirme cette
origine à Giovanni Alberti dans une lettre datée du
22 mars 1349 et reproduite par Scipione Ammirato.

Dès l'an 1301, on voit les Alberti tenir à Florence
état de grands seigneurs. Lorsqu'en 1384, le frère
de Pietramala, l'évêque Pietro Sanone vendit aux
Florentins la ville d'Arezzo, les fêtes dont cet événe-
ment furent le motif donnèrent aux Alberti l'occasion de déployer une magnificence qualifiée de
royale par les historiens. Ils parvinrent neuf fois à

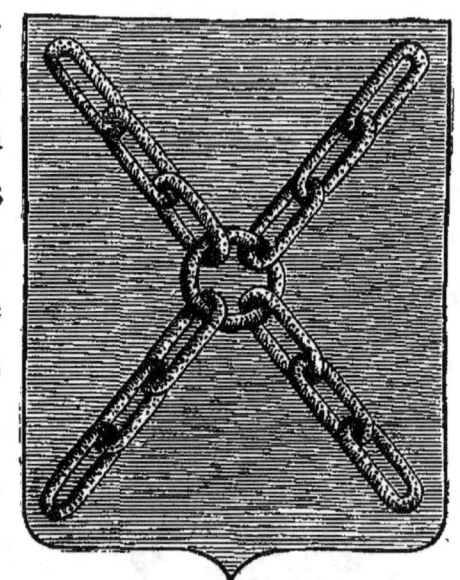

la haute dignité de gon-
falonier. Leurs armes,
que Domenico Maria
Manni reproduit dans
son *Senato fiorentino,*
sont : d'azur à quatre
chaînes d'or mouvantes
des quatre coins de l'écu
et liées en cœur à un
anneau de même.

Une famille noble de Provence, originaire d'Au-
bagne, les d'Albert, seigneurs de Roquevaux, blason-
nent pareillement, si ce n'est que l'anneau est d'argent.

J'ignore sur quelles considérations se fonde Ammirato le jeune pour rattacher les Concini aux Al-

berti, et relever ainsi la naissance du maréchal d'Ancre ; toutefois ce dernier pouvait accoler à son écu celui de sa femme, héritière des Galigai, dont les armes sont semblables à celles des Alberti, sauf qu'elles sont d'azur en champ d'or. Cosimo Bartoli dédia le petit traité de Leon-Battista intitulé *la Cifra* à un Bartolomeo Concini.

L'an 1400, Maso degli Albizzi et sa faction dominaient à Florence. *Les Blancs* tentèrent de les renverser. Ils s'unirent au duc de Milan, qui faisait la guerre à la république, et conspirèrent avec les bannis, dont le Milanais était rempli, pour surprendre la ville et s'emparer de la seigneurie. L'indiscrétion d'un Ricci et la trahison de Salvestro Caviciullo firent avorter ce complot. Six membres de la famille des Alberti, six des Ricci, deux des Medici, trois des Scali, deux des Strozzi, Bindo Altoviti, Bernardo Adimari, plusieurs du *popolo grasso,* furent déclarés rebelles. On frappa d'*ammonition,* c'est-à-dire d'exclusion des charges de l'État, tous les Alberti, les Ricci et les Medici pendant dix ans.

Messer Antonio Alberti, seul, n'avait pas été compris dans l'*ammonition;* mais un moine qui lui apportait des lettres de Bologne, quartier général de la conspiration, s'étant laissé surprendre et ayant fait des aveux, messer Antonio fut condamné à l'amende et exilé, avec tous les Alberti âgés de plus de quinze ans, à trois cents milles de Florence. Quelques-uns d'entre eux rompirent leur ban en 1412 et donnèrent lieu à de nouvelles rigueurs envers leur personne et leur famille.

Leon-Battista Alberti naquit à Florence en 1398 selon Manni, en 1400 suivant le Bocchi. Il partagea dès le berceau, ou à peu près, avec son père Lorenzo, avec ses oncles Giovanni et Alberto, qui plus tard fut cardinal, l'exil de son aïeul Cipriano et de son grand-oncle Benedetto. C'est sans doute ce qui fit dire à quelques biographes qu'il naquit à Venise.

Giovanni et Antonio se réfugièrent dans cette ville; Lodovico, fils de Tomaso Ier, avec ses enfants Gulielmo, Tomaso et Giovanni, en France, dans le comtat Venaissin. On a de lui, à cet égard, ainsi que de ses trois frères Gianozzo, Antonio et Filippo, une requête qui date de 1413.

Thomas II d'Albert, damoiseau, seigneur de Boussargue, fils de Lodovico, suivit, devenu Français, la fortune du Dauphin, depuis Charles VII. Reçu viguier de Pont-Saint-Esprit, il était viguier royal de Bagnols en 1420, capitaine d'une compagnie d'hommes d'armes en 1421, pannetier du roi en 1429, bailli d'épée du Vivarais et du Valentinois en 1447. Il mourut en 1455. De son vivant, il se qualifiait lui-même de *domicellus, nobilis, potens, magnificus.*

Cent-vingt-trois ans plus tard naissait, dans le comtat Venaissin, un enfant qu'Henri IV devait tenir sur les fonts de baptême, Charles, marquis d'Albert, qui fut duc de Luynes, pair, grand fauconnier, garde des sceaux et connétable de France, chevalier des ordres du roi, premier gentilhomme de sa chambre, gouverneur d'Amboise, de Picardie, Isle-de-France, Boulonnais et pays reconquis, d'Amiens, Calais, etc. L'archéologue émérite, le grand seigneur opulent et généreux, l'homme de cœur qui mourut pour une cause qu'il aimait, en donnant, malade, son manteau à un pauvre soldat blessé, feu monsieur le duc de Luynes était son descendant. Je ne sais s'il portait en chef ou en abîme les armes parlantes des vieux seigneurs de Catenaia ses aïeux, ou si elles manquent à son écu, mais il était trop l'ami des arts et des artistes pour ne pas s'être enorgueilli d'un agnat tel que notre Leon-Battista Alberti.

En effet, si ce n'est le Vinci, dont il semble le précurseur, aucune figure plus originale ou plus exceptionnelle par l'ensemble des facultés n'illustra la Renaissance. Il fut merveilleusement institué par son père, homme de sens qui, continuant les tradi-

tions de sa race, sut, comme tant de ses concitoyens, unir aux spéculations intellectuelles cet
esprit d'entreprises commerciales qui fit la gloire
des républiques italiennes, et surtout de Florence,
où les fortunes étaient telles, que, pendant les vingt-
trois premières années du XVe siècle, soixante et
douze familles purent être taxées à la somme de
cinq millions de florins d'or, et que les Medici, en
l'espace de trente-sept ans, firent à eux seuls pour
663,755 florins d'aumônes.

Au début de son livre sur les avantages et les
inconvénients des lettres, qu'il dédie à l'un de ses
frères, Leon-Battista s'exprime ainsi : « Lorenzo
« Alberti notre père, homme qui fut en son temps,
« comme il t'en souvient, ô Carlo, de beaucoup le
« premier des nôtres en toute chose, et surtout dans
« l'art d'élever sa famille, voulait, coutumièrement,
« que nous vécussions dans une discipline telle que
« nous ne fussions jamais oisifs. » Carlo, comme
son père, se livra aux affaires et cultiva les lettres. Il
en fut sans doute de même de son frère Bernardo.
Leon-Battista se consacra tout entier et exclusive-
ment à l'étude.

Alberti fut un encyclopédiste, par tempérament
comme aussi par éducation. Le goût des études en-
cyclopédiques est caractéristique du moyen âge,

influencé, dans cette direction, par les œuvres d'Aristote, dont l'ensemble comprenait toutes les connaissances humaines. Chez les Italiens, race douée de mémoire et d'imagination, ce goût revêt la forme poétique, et chez eux la Muse, en se faisant savante, poursuit une idée sociale et politique. Cecco d'Ascoli dans *l'Acerba Vita,* Dante Alighieri dans son triple poëme, vont de l'alpha à l'oméga du savoir humain contemporain. Fazio degli Uberti, Frederigo Frezzi, Goro Dati, sont des encyclopédistes et prennent, comme leurs compatriotes', la forme rhythmée de préférence. Brunetto Latino, par exception, écrit son *Tesoretto,* inspiré par l'idée française, qu'il avait, d'ailleurs, puisée chez nous, où le type de ce cercle didactique est « *le Quadruple Miroir* de Vincent de Beauvais, lecteur du roi saint Louis. »

Il fallait alors parcourir les sept sphères du ciel intellectuel, le *trivium,* où règnent grammaire, dialectique, rhétorique, singulièrement modifié par les humanistes du XVIe siècle; le *quadrivium,* enfermant arithmétique, musique, géométrie, astronomie, qui reçoit un fort contingent de renouveau en Italie, où, dès le XIIe siècle, Léonard Fibonacci, marchand pisan, introduit l'algèbre et la numération hindoue.

Avec le grand essor de la démocratie italienne surgit l'arbre de science aux rameaux vastes. La vieille université des Gaules, si justement célèbre par le monde entier, reçoit à tout moment comme des affluents des universités d'Italie. Depuis l'époque carlovingienne, une longue nomenclature de noms italiens retentit dans nos écoles : Fulbert, Lanfranc de Pavie, saint Anselme, Pierre et Lodolphe Lombard, Lanfranc de Milan, Passavanti, Taddeo et Torrigiano de Florence, saint Thomas, Gilles Colonna, saint Bonaventure, Roland de Crémone, Annibalde dei Annibaldi, Remi de Florence, Giovanni de Parme, Agostini Triomfo d'Ancône, Jacques de Viterbe, presque tous les primiciers et professeurs de l'école d'Avignon, des recteurs de l'université de Paris, tels que Prépositif Lombard et Robert Bardi. En effet, Paris c'est la *Cariatasepher*, la cité des lettres par excellence !

Sans doute, cette invasion pacifique des docteurs italiens dans le domaine des études françaises y dut développer et maintenir cet esprit d'universalité qui a toujours été le propre des grands génies de l'Italie : Dante, Pétrarque, Boccace, Dagomari, Alberti, Léonard de Vinci, Fracastoro, Pic de la Mirandole, Michel-Ange, Maurolycus. Cependant, à l'aurore du XVe siècle, la scolastique est semblable à cette tige de coloquinte desséchée sur laquelle pleura Jonas. Le grand courant inspiré des XIIIᵉ et XIVᵉ siècles est tari. Voici venir les temps nouveaux amenant une science nouvelle. Le bon génie du savoir est avec elle ; il suscite l'art merveilleux de l'impression, et lui donne pour apôtres des hommes tels que Reuchlin, Agricola, Copernic et Cornelius Agrippa en Allemagne ; Érasme en Hollande, Linacre et Ascanus en Angleterre, Vivès et Antonius Nebrissensis en Espagne, Faber et Budé en France, Le Pogge, Hermolaüs, Marçile Ficin, Politien, Machiavel, Pomponace, Pic et les mathématiciens en Italie.

Grâce à Dieu, ces hommes ont éclairé les ténèbres où l'on errait avant eux. Alors, c'était un Aquilegius qui régentait la rhétorique. Alors, l'étude des langues n'avait pour tout guide que le *Græcismus*, le *Barbarismus* et l'*Alexander de villa dei*. Alors un Gingolphus, un Rapoleus, un Ferrabrit et un Petrus Hispanus étaient les seuls philosophes accrédités. Ils emplissaient l'étude de la sagesse du fatras de leurs ampliations, suppositions, restrictions, sophismes, obligations et subtilités des *parva logicalia*. Alors l'histoire ne s'apprenait que dans le *Fasciculus temporum* et la *Mer des histoires*, farcissant l'esprit des rêvasseries des

vieux romans : la Prophétie de Merlin, l'Enfer Saint-
Patrice, la Tour-Pilate, le Château d'aimant et la
Papesse Jeanne. Alors, on ne voguait sur l'océan
sans fond des mathématiques autrement que sur
le frêle et piteux radeau du Comput manuel et Ca-
lendrier des bergers.

Peut-être, tout d'abord, l'érudition semble-t-elle
étouffer l'inspiration ; mais, du passage de la Renaissance à travers cette érudition devait naître la
critique, et l'on trouve déjà, dans certaines notes
du Vinci, des idées dignes de François Bacon, et des
démonstrations qui procèdent de la plus rigoureuse
méthode.

Alberti vient au monde pour profiter de cette ré-
volution dans les études. Intelligence grande ouverte, il absorbe toutes les notions du cycle scientifique. A lui peut s'appliquer cette pensée du sage
chinois : « L'homme vulgaire a une âme étroite ; elle
ne contiendrait pas un atome. Le saint embrasse
dans son cœur le ciel et la terre. Il n'y a rien que
sa vertu ne contienne ; elle est comme la mer, qui
reçoit tous les fleuves * . »

Sans doute il fut élevé avec cette douceur rela-
tive de la pédagogie italienne, contrastant singulièrement avec la sanglante cruauté de la nôtre, qui

* *Tao-te-King-Kiaï* de *Te-thsing,* trad. de Stanislas Julien.

semblait plutôt une mégère fustigeant l'enfance à plaisir, telle qu'est représentée la grammaire à Chartres et à Laon, qu'une bonne mère nourricière qui la recueille dans son sein et l'allaite de ses mamelles, ainsi qu'est peinte cette science dans le Campo-Santo de Pise. C'était alors que le savant et original Vittorino da Feltre inaugurait son fameux système d'éducation libérale et fondait un institut d'où sortit une pléiade d'hommes illustres.

Leon-Battista mordit aux humanités avec cette ardeur qui se traduisit en ces temps par une véritable passion pour le grec. Léonard Arétin écrit dans cette langue son traité *de Republica fiorentina*. Il a des imitateurs parmi les savants italiens, et, chez nous, un peu plus tard, Guillaume Budé correspond familièrement avec ses amis dans l'idiome de Platon.

L'étude du droit sollicita vivement Alberti. Tout jeune, on le voit parmi les plus studieux à cette vieille université de Bologne, où, dès Accurse le père, le droit romain préconisé affirmait la suprématie des empereurs. D'ailleurs, de toutes les sciences, la jurisprudence est celle qui paraît la plus noble aux grands esprits de cette époque. Ils prennent à la lettre la définition d'Ulpien : *Jurisprudentia est divinarum atque humanarum ré-*

rum notitia, justi atque injusti scientia. C'est la notion des choses divines et humaines, la science du juste et de l'injuste, celle à la recherche de laquelle les autres doivent être employées. Pour eux, elle se dégage de toutes les sciences qui, toutes, concourent à son édification. Elle est, dans son sens le plus absolu, l'application même de la philosophie. L'histoire ne rassemble les traditions que pour l'établir sur de fortes assises. L'étude de la philologie ne leur semblerait qu'une vaine curiosité, si elle n'employait sa lumière à illuminer la science du droit des plus purs reflets de la vérité. Aussi toutes les sciences se sont-elles donné rendez-vous dans celle du droit, qui, par un juste retour, les pénètre toutes et les remplit. C'est surtout dans l'histoire qu'il apparaît et se développe. Il y est la mesure des peuples. Il germe en eux dès qu'ils sont viables. Il croît, fleurit, fructifie avec eux. Ceux-ci se reflètent en lui. C'est le miroir où toute nation peut contempler sa propre face. Dans les jeunes sociétés, sous la tutelle des théocraties, il apparaît comme une révélation. Il tombe de la lèvre des pontifes. Il ne s'écrit pas, il s'enferme dans le symbole, dont il s'échappe enfin quand ces sociétés mûrissent. La législation prend naissance, l'expression du droit devient un besoin, devient elle-même

un droit. On le rédige, il est écrit. L'idée philosophique et l'idée historique se dégagent, et le droit
passe enfin par la science, critérium absolu dont
tout doit sortir pour être réputé la vérité.

Il fallait que l'étude du droit eût pour Alberti de
bien grands charmes, et pour les goûter il fallait
qu'il en perçût toute la philosophie, car il y tra-
vailla avec une telle ardeur, que sa santé en fut
ébranlée. Pendant une grave maladie, résultat de
son assiduité, il eut à se plaindre de ses proches
parents. Sans doute il avait perdu son père. Son
éloignement pour les affaires le fit peut-être prendre
en mépris. N'avait-on pas vu Fibonacci, aux siècles
antérieurs, taxé de fainéantise et traité de *bigollone?*
L'intrépide Marco Polo ne fut-il pas raillé des Véni-
tiens et désigné par une injurieuse épithète ? Chia-
brera ne vécut-il pas méprisé des Génois parce
qu'il ne faisait pas de commerce? Dans ces républiques vouées aux spéculations mercantiles, la spé-
culation intellectuelle exclusive peut-elle trouver
grâce? « Tant est-il que ce que les avares désirent
« très-grandement, les lettrés et les studieux des
« bons arts le déprécient, et que ce que souhaitent
« les studieux, les avares n'en tiennent compte *. »

. * Propres paroles d'Alberti : *De commodis litterarum
atque incommodis, ad Carolum fratrem.*

Pour occuper sa convalescence et donner le change à sa tristesse, il composa le *Philodoxios*, comédie dans le goût antique. Cette œuvre trompa longtemps après un humaniste par excellence, le fils du vieil Alde, Paul Manuce, qui imprima cette soi-disant épave de l'antiquité latine, cette bonne trouvaille de l'érudition. Le cénacle des érudits de Vénise, où affluaient encore ceux du monde entier, opina avec le typographe érudit, cicéronien délicat de la grande école, pour attribuer à l'antique Lépidus cette comédie latine d'Alberti le moderne. Le livre parut sous ce titre : *Lepidi comici veteris Philodoxius, fabula ex antiquitate eruta ab Aldo Manutio.* Il est dédié à Ascanio Persio, le juge des érudits de son temps. D'ailleurs, le contemporain d'Alberti, Carlo Sigonio, savant légiste, professeur de grec à Modène, et qui enseigna les humanités à Padoue, y fut trompé lui-même bien avant. Cependant, Albert von Eyb, qui fut camérier du pape Pie II, attribue le *Philodoxios* à Charles d'Arezzo, de la famille Marsuppini, mort à Florence en 1453. Il en a inséré quelques scènes dans sa *Margarita pratica epistolaris et oratoria*, imprimée à Nuremberg en 1472. Son opinion n'a pas prévalu.

Alberti n'avait que vingt ans quand il écrivit

cette comédie, ainsi qu'il le dit lui-même dans le prologue anonyme. C'était un jeune homme d'une adresse et d'une force peu communes. Le premier aux études, il excellait par-dessus tous les jeunes gens de son âge aux exercices du corps. Il luttait merveilleusement et déployait à la paume une agilité et une grâce extraordinaires. Il domptait, en se jouant, un cheval furieux. Cet athlète qui sautait à pieds joints par-dessus les épaules de dix hommes, qui s'escrimait de la pique mieux qu'aucun, qui perforait d'une flèche une forte cuirasse de fer, qui, le pied gauche appuyé contre la paroi de la cathédrale, lançait de la main droite une pomme à perte de vue par-dessus les combles de l'édifice; cet écuyer incomparable qui, en selle, tenant une mince baguette par un bout, et posant l'autre sur son cou-de-pied, agitait son cheval dans tous les sens pendant des heures entières, sans que la frêle baguette remuât seulement; cet adroit et alerte jeune homme qui, d'un seul doigt, imprimant une vigoureuse impulsion à une petite pièce de monnaie, lui faisait fendre l'air en sifflant et l'envoyait atteindre un mur distant de trois cents pieds sur lequel elle battait avec force; ce gymnasiarque prodigieux qui eût stupéfié les arènes, avait le don de tous les arts. Sans leçons, il est musicien à faire l'étonnement des maîtres. Il chante à ravir. Il tient les orgues avec une supériorité qui le met au premier rang; il forme des musiciens par ses conseils. Peintre de talent, il est un des restaurateurs de l'architecture italienne, qu'il ramène aux principes antiques et à laquelle il applique des règles géométriques particulières et une direction philosophique qui lui est propre.

A peine remis de la maladie causée par son assiduité à l'étude du droit, il s'y livre de nouveau avec une ardeur semblable et la fait concorder avec celle des lettres. Ces grands labeurs, la dure pauvreté qui pesait alors sur sa vie, le jettent dans un état morbide effrayant. Les articulations sont affaiblies, une maigreur extrême, une débilitation absolue, des vertiges, tels sont les ennemis auxquels il est en proie et qui, pourtant, ne lui font pas abandonner l'étude. Il étreint cette chère et consolante maîtresse qui l'épuise, et ne peut s'en arracher, dût-il mourir de cet embrassement. Bientôt le cerveau est atteint; il oublie jusqu'au nom de ses familiers, jusqu'aux appellations des choses qui l'entourent. On dut lui supprimer ses livres. Rétabli, il reprend aussitôt sa vie studieuse, il approfondit la philosophie et les mathématiques.

L'étude des mathématiques a toujours été trèscultivée par les Italiens. Encore à présent, c'est une race de calculateurs. Héritiers de la science des Arabes, et par eux de celle des Hindous, ils ont eu des hommes remarquables dans les sciences exactes à une époque où l'Europe était barbare à cet endroit. Les grands poëtes comme les grands artistes de l'Italie ont presque tous été des mathématiciens distingués. Dante, esprit universel qui, suivant Léonard Arétin, *dilettosi di musica et di suoni, et di sua mano egregiamente disegnava,* fut savant en arithmétique et en géométrie. Brunellesco est le maître du grand mathématicien Toscanella. Léonard de Vinci, avant Commandin et Maurolycus, s'était occupé du centre de gravité des solides et avait déterminé celui de la pyramide.

Les temps voisins de celui où vivait Alberti foisonnent littéralement de mathématiciens illustres : Giovanni Danti, Toscanella, Pierre Strozzi, Paul Gherardi, Michelozzi, Raffaelo Canacci, Antonio Biliotti, le grand et encyclopédique Dagomari, que les poëtes de son temps ont presque mis au rang du Dante, enfin Blaise Pelacani et Vittorino da Feltre, voilà pour les plus célèbres, les autres sont innombrables.

Il reste d'Alberti un traité des mathématiques plaisantes écrit sur la demande de l'illustrissime

Melladusio, marquis d'Este, frère de Lionel d'Este qui fut, dit Muratori, sans égal pour sa piété envers Dieu, sa justice et sa bonté envers ses sujets, et qui, protecteur des lettres, écrivait lui-même parfaitement en latin.

L'étude des mathématiques dut faciliter à Alberti ses recherches sur la perspective, dont nous voyons des manifestations intéressantes dans son traité de la peinture. L'enthousiasme qui saisit Paolo Uccello pour ses merveilleux théorèmes fut commun à Leon-Battista.

Bien que dans l'enfance encore au XIVe siècle, la perspective était cependant connue à la fin du XIIIe. Dante en parle dans le *Convito*. Blaise Pelacani de Parme, que les Parisiens, chez lesquels il séjourna, comparaient volontiers au diable, s'est occupé de cette science. Pietro della Francesca en fit un traité au XVe siècle. Léonard de Vinci, Serlio, à qui Benvenuto Cellini reproche de s'être approprié en partie les notes du Vinci, l'évêque Barbaro, Vignola, Sirigatti, firent faire à la perspective de très-grands progrès, sans en fixer toutefois les principes géométriques; puis le savant astronome Egnazio traduisit et commenta la perspective d'Euclyde et celle d'Héliodore, et donna une édition de celle de Vignole. Enfin, Guid' Ubaldo Monti, dans la seconde moitié du XVIᵉ siècle, porta cette science à peu près à son apogée.

La jeunesse d'Alberti, passée dans l'exil à Venise, à Bologne, à Rome, fit que, se sentant peu expert dans le toscan, sa langue maternelle, il dut étudier ce bel idiome, devenu le langage littéraire de toute l'Italie. Je crois que la prédominance du latin dans ses études fut encore bien plus la cause de cette difficulté à écrire dans ce qu'on nommait la langue vulgaire. N'en fut-il pas de même pour notre Guillaume Budé, le premier érudit de son siècle, de l'aveu de tous ses contemporains ? Dans son livre *de l'Institution du Prince*, écrit exceptionnellement en français, il avoue que ce langage lui est peu familier et s'en excuse auprès du roi François Iᵉʳ : « Et me « tiens pour tout asseuré..... que supporterez béni- « gnement les fautes d'ignorance tolérables, en- « tendu que l'œuvre est faict en stile françois, peu à « moi exercité. »

Presque tous les écrits d'Alberti sont en latin. *I tre libri dell' Economia,* traité qu'il écrivit en italien pour ses parents, mal familiarisés avec la langue latine, est considéré comme n'étant pas d'un toscan très-pur. On sait qu'il le fit à Rome, assez promptement, âgé de moins de trente ans. Cet ouvrage n'a pas été imprimé. Filippo Valori écrit qu'on le con-

servait manuscrit dans sa maison, et le Procianto
en fait mention.

C'est probablement à son retour à Florence, qui
doit coïncider avec le rapatriement de Cosme de
Medici en 1434, ou peut-être avec le rappel des
bannis en 1428, que Leon-Battista sentit la nécessité d'étudier l'idiome raffiné de ses concitoyens et
fut à même de le faire. Sans doute c'est alors qu'il
fit cette tentative renouvelée depuis par Claudio
Tolomei, de soumettre la versification italienne au
joug des mètres latins; symptôme de décadence
poétique fruit d'une extrême érudition qui, dans
des circonstances analogues, se reproduisit chez
nous au siècle suivant, où le même essai, bien plus
malheureux encore, fut tenté pour la langue française avec une véritable fureur par Mousset, Do-
rat, Baïf, Jodelle et le comte d'Alsinois.

Alberti ne laissa pas que de s'exercer à la poésie.
Il composa des églogues, des élégies, des canzoni.
Il imite le Burchiello, ce barbier fils de barbier qui,
dans l'esprit de ses concitoyens, fut placé au premier rang, et dont les œuvres burlesques, au dire
du Lasca, furent jugées dignes de venir immédiatement après les chefs-d'œuvre du Dante et de Pétrarque! Le grand courant d'érudition qui caracté-
rise cette époque avait, nous l'avons déjà vu, fait

perdre la mesure quant aux choses de l'inspiration. Il est probable, toutefois, que les poésies d'Alberti furent amendées par ce profond esprit philosophique qui ressort de ses moindres écrits.

A l'âge de vingt-quatre ans, il composa son traité *De commodis litterarum atque incommodis,* où il conclut, en somme, pour le savoir et les jouissances qu'il procure. Cela semblé un plaidoyer en faveur de son goût exclusif pour l'étude et de son éloignement pour les affaires. On le voit, d'ailleurs, assez préoccupé de l'opinion de sa famille, et parfois il laisse percer le chagrin qu'il éprouve de ne pas être bien compris ni justement apprécié de ses proches.

Il fit bon nombre de comédies fort gaies, qu'il détruisit en partie. Parmi celles qui survécurent, il faut citer la Veuve et le Défunt, *Vidua et Defunctus,* qui, avec la *Calandra* du cardinal Bibienna, la *Mandragola* de Macchiavel et cette imitation du Pathelin, les *Scænica progymnasmata* de Reuchlin, première comédie composée à l'usage de la jeunesse allemande, forme un curieux chapitre de l'histoire de l'art dramatique. Mais une des œuvres les plus intéressantes d'Alberti, c'est, sans contredit, le *Momus, sive de Principe,* sujet qui préoccupe déjà les esprits comme un signe des temps. Ce traité, où l'auteur s'élève avec énergie contre les courtisans, est plein de sel attique et de fine observation. Paul Jove le désigne comme un dialogue d'une grâce suprême, comparé par un grand nombre d'experts aux meilleurs travaux des anciens. Atteindre l'antiquité était, à cette époque, le parangon du mérite. Ce pourrait être, de nos jours, un assez bel éloge encore.

Cosimo Bartoli a réuni et traduit en italien, sous le titre d'*Opuscoli morali*, quinze œuvres éparses d'Alberti, dont voici les titres : *Momo, overò del Principe.* — *Discorsi da senatori, altrimente Trivia.* — *Dell' amministrar la ragione.* — *Delle comodità et incomodità delle lettere.* — *Della vita di San Potitò.* — *La Ciffera.* — *Piaccevolezze mathematiche.* — *Della republica, vita civile et rusticana et della Fortuna.* — *Della Statua.* — *Della Pittura.* — *Della Mosca.* — *Del Cane.* — *Apologi.* — *Hecatomfila.* — *Deifira.*

Ces deux derniers traités ne sont pas des traductions, c'est le texte même d'Alberti, qui les écrivit en pur toscan. On croit qu'il en est de même des traités *della republica, vita civile et rusticana et della fortuna.* Il serait assurément très-intéressant de donner une analyse de ces œuvres, mais ce serait faire acte de bibliographie sur une trop grande échelle et augmenter outre mesure cette notice. Le traité de la peinture avait été traduit en italien par Lodovico Domenichi et parut à Venise dès 1547. De l'avis de Raffaele Dufresne, la traduction de Bartoli est supérieure. Mais l'œuvre capitale de Leon-Battista, c'est son grand traité d'architecture en dix livres, qu'il entreprit à la sollicitation de Lionel d'Este. Cet ouvrage ne fut imprimé qu'après sa mort, par les soins pieux de son frère Bernard, et parut en 1485 sous ce titre :

LAUS DEO HONOS ET GLORIA
LEONIS BAPTISTÆ
ALBERTI FLOREN.
TINI VIRI-CLAR.
rissimi de re
ædificatoria opus elegantissi.
mum et q̄ maximè utile Flo.
rentiæ accuratissimè impres.
sum opera Magistri Nicolai
Laurentii
Alamani : Anno
salutis millesimo octua.
gesimo quinto : quarto chalendas januarias.

C'est un des plus beaux ouvrages sortis des presses italiennes. Le premier livre traite des plans ; le second, des matériaux ; le troisième, de la con-

duite des travaux; le quatrième, de l'ensemble de
l'œuvre; le cinquième, des occurrences particulières; le sixième, des ornements et de la décoration; le septième, de la majesté qu'il faut donner
aux choses saintes et sacrées; le huitième, de la
décoration de l'architecture civile; le neuvième,
de l'embellissement des constructions privées; le
dixième, des réparations et amendements des fautes
commises. L'auteur y a joint un petit traité des navires, quelques considérations sur l'art de fondre,
sur les nombres et les lignes, enfin sur l'utilité de
l'architecte et de l'emploi qu'il en faut faire.

Ce livre, remarquable à tous égards, fut réédité à
Paris dès 1512 par G. Torini. Un passage d'Alberti
semblerait prouver qu'il n'a jamais eu l'intention
d'y joindre des planches explicatives. Cosimo Bartoli a comblé cette lacune dans sa traduction, ainsi
que dans celle des traités de la Statue et de la Peinture.

Le secrétaire du cardinal de Lenoncourt, Jean
Martin, fit en 1553 une translation en français des
dix livres d'architecture et les dédia au roi Henri II.
La beauté du type, le format, les planches, font un
volume remarquable de cet ouvrage qui n'est pas
commun.

On voit, par une épître latine d'Ange Politien

adressée à Laurent de Medici, que Leon-Battista avait projeté de dédier l'œuvre de sa vie au petit-fils du père de la patrie. Le condisciple du Magnifique le prie d'agréer le livre d'Alberti, que lui présente son frère Bernard, homme prudent et adonné aux lettres. L'élève d'Andronic de Thessalonie, d'Argyropyle et de Ficin, le maître de Léon X, un des plus beaux génies du XVe siècle, se trouve indigne de louer convenablement un si parfait ouvrage et un si excellent personnage, auquel, dit-il, nulles lettres, nulle discipline, si profondes qu'elles fussent, ne demeurèrent cachées; et il ajoute: « Or, « je pense de lui, comme Salluste des Carthaginois, « qu'il vaut mieux m'en taire que d'en dire trop peu. « Donc, ô Laurent de Medici, soit que tu places « ce livre au meilleur lieu de ta bibliothèque, soit « que tu le lises toi-même diligemment, soit que « tu le prêtes à lire au public, cherche à le mettre « en lumière; car il est digne de prendre son vol « parmi les dits des hommes doctes, et c'est sur toi « seul que repose aujourd'hui le protectorat des « lettres, déserté par les autres. »

Notre Alberti, d'ailleurs, n'était pas inconnu au jeune Laurent de Medici. Christophe Landini, dans ses *Quæstiones Camaldulenses*, dédiées au savant duc d'Urbin Frédéric, a recueilli les discours qu'il tint au jeune patricien sur la montagne des Camaldules. Ce bel ermitage, fondé par saint Romuald en 1009, est situé vers les sources de l'Arno, à huit lieues d'Arezzo, à une quinzaine de lieues de Florence. Du sommet des montagnes qui l'environnent, on peut apercevoir les deux mers qui baignent l'Italie.

Landini raconte que, pendant les chaleurs de l'été, s'étant rendu, avec son frère, à leur villa de Cosentino, il leur prit fantaisie d'aller se récréer au bois des Camaldules. Là, avant d'atteindre les ermitages, ils rencontrèrent Laurent et Julien de Medici escortés d'Alamanni Rinuccini, de Pietro et de Donato Acciaioli, de Marchi de Parenzo et d'Antonio de Canosa, hommes très-lettrés. Comme ils se félicitaient de cette rencontre, on leur annonça l'arrivée d'Alberti, qui, venant de Rome, s'était arrêté chez Marsile Ficin, le plus célèbre des philosophes de son temps. Ficin habitait une villa qu'il devait à la munificence des Medici. Élevé par Cosme, le père de la patrie, dans ce platonicisme inauguré par Dante et mis à la mode par Gemistius Pletho, il rompit le premier avec la scolastique.

Les doctes amis résolurent d'un commun accord de ne pas retourner à Florence avant quelques jours. Ils renvoyèrent les chevaux et gravirent la montagne sous la conduite de leur hôte, le supérieur Mariotto, sans doute le successeur d'Ambrosio Traversari, l'illustre helléniste qui servit d'interprète entre les Italiens et les Grecs au concile de Florence.

Tout en gagnant les cellules, ils se réjouissent de la venue de leur Battista : « Car cet homme », ainsi s'exprime Landini, « de tous ceux que plusieurs « siècles avaient produits, était le plus comblé de « savoir et d'esprit. Que dire de sa connaissance « des lettres, lorsqu'il n'y avait rien au monde qui « fût possible d'être su par l'homme en quoi il ne « fût versé en toute science et prudence? »

Le lendemain, parcourant la montagne, ils s'arrêtent dans une prairie arrosée d'un ruisseau, à l'ombre d'un vaste platane. Là, ces platoniciens de la Renaissance renouvellent la scène du Phèdre de Platon. Alberti, nouveau Socrate, ayant pour interlocuteur le jeune Laurent de Medici, suspend à ses paroles sur la vie contemplative et la vie active l'attention charmée de ses doctes amis.

Cette fête intellectuelle dura quatre jours. Alberti y traita du souverain bien et des allégories de Virgile, dans lesquelles il découvrit en les expliquant, cachés sous des mythes, tous les secrets de la haute philosophie du poëte; cela, dit Landini, *memoriter*, *dilucidè ac copiosè.* Nous pouvons croire qu'Alberti prit une part considérable aux fêtes instituées en l'honneur de Platon, et qui, célébrées depuis la mort du maître jusqu'au temps de Porphire et de Plotin, renaissaient, grâce aux Medici, après une interruption de douze cents ans, dans leurs villas de Caregi et de Gaffagiolo. Naturellement, Alberti figure sur la liste des platoniciens que donne Marsile Ficin dans une de ses épîtres (*).

Dès 1447, Leon-Battista fut nommé chanoine de la métropole de Florence et abbé de San-Savino. Neveu d'un cardinal, il obtint facilement, par le crédit de ses amis, des sinécures ecclésiastiques, simples bénéfices accordés aux doctes, et qui ne les engageaient guère plus que ceux qu'un peu plus tard possédait le grand Érasme. Il est probable que le platonicien Alberti partageait, quant aux idées religieuses, les opinions des savants italiens catholiques à gros grains, comme on sait. Depuis le moyen âge, en Italie, les sectes hérétiques, devenues philosophiques à la Renaissance et réfugiées dans les sommets du savoir, où on n'avait pu les vaincre, s'abritaient sous les noms des écoles de l'antiquité. On était épicurien, pythagoricien, péripatéticien, platonicien. Au XVe siècle, les néoplatoniciens personnifient en-

(*) *Epist.*, lib. XI, ep. 3o, ed. de 1494.

core dans Virgile la philosophie occulte; c'est une tradition dantesque qui remonte plus haut assurément. D'ailleurs, Alberti est gibelin; même dans sa vieillesse, il doit conserver le sentiment d'une Italie sauvée par la monarchie. Cette philosophie néo-platonico-dantesque, armée des formules d'Aristote, est un mouvement italien contre la souveraineté des papes. Elle porte en germe la Réforme. Comme le Perugin, qui jamais ne put mettre *dans sa dure cervelle de marbre* le dogme de l'immortalité de l'âme, comme le Vinci, Leon-Battista dut avoir des opinions particulières d'une orthodoxie suspecte et se faire, ainsi que le grand Florentin, une théorie religieuse sans rapports avec une religion connue : fait que constate Vasari pour Léonard dans sa première édition, mais que des scrupules religieux lui font atténuer dans la seconde, où il attribue au Vinci, à la fin de sa vie, un retour complet aux idées catholiques. Il serait oiseux d'établir la preuve du contraire, et cela ne prouverait rien; car ces grands hommes, enveloppant leur pensée libre sous les formes d'une orthodoxie absolue, ne faisaient que continuer les traditions de leur chef de file Alighieri, dont l'œuvre entière cache, sous une forme si régulière et si inattaquable, une si hautaine rébellion contre Rome. Depuis Brutus jusqu'à Machiavel, qui l'érige en théorie, contrefaire l'innocent est, chez les Italiens, le grand art d'atteindre le but.

Quoi qu'il en soit, Alberti vécut en honnête homme. On s'accorde à louer sa bonté et sa grandeur d'âme. L'étonnante supériorité de sa nature lui suscita beaucoup d'ennemis. Jamais il n'employa l'influence qu'il avait auprès des grands pour tirer vengeance d'une injure, et cependant la fureur de ses envieux alla jusqu'à armer contre lui le bras criminel d'un serviteur. Toutes ses biographies, et notamment un manuscrit latin de la Bibliothèque Magliabecchi, dont M. Léopold Leclanché, dans son édition du Vasari, ne donne qu'un fragment, le représentent comme un homme actif et persévérant que ni la faim ni le sommeil ne pouvaient arracher à l'étude. Loin de redouter la critique, il l'appelait, au contraire, et en faisait sans doute le cas qu'il fallait. Discret et réfléchi, il fuyait les bavards, évitant surtout les entêtés, qui avaient le don de l'irriter. Son esprit méditatif imprimait à son visage un aspect sévère et attristé, mais son affabilité démentait cette apparence, et ses causeries, toujours élevées et sérieuses, étaient, dans l'intimité, tempérées par une gaieté douce et une bienveillante dignité. Entouré de quelques amis, il philosophait avec eux, entreprenant de leur expliquer par d'ingénieuses démonstrations les problèmes curieux des arts qu'il professait. On s'accorde à lui donner beaucoup d'esprit, et quelques-uns de ses mots heureux ont été recueillis.

Une telle unanimité dans les louanges accordées à Leon-Battista n'a certainement rien de factice. On nous le représente encore comme un esprit jaloux de s'instruire aux sources même les plus humbles. Il interrogeait l'impression que causaient à des enfants les productions de son crayon. Il questionnait les artisans et les amenait à parler de leur métier pour en faire son profit. C'est ainsi qu'après un entretien chez un fabricant de lunettes, précieux instrument qu'avait inventé à Florence, quelque cent ans plus tôt, Guido Salviati, il découvre des lois d'optique à l'aide desquelles il fabrique les premiers dioramas. Son talent de peintre lui permit d'atteindre à un degré d'illusion qui stupéfiait ses contemporains. Les Grecs surtout, transfuges de Constantinople, qui, familiarisés avec l'aspect de la mer, en retrouvaient les effets saisissants dans l'instrument d'optique de ce Florentin de génie, ne pouvaient exprimer assez leur admiration.

Cet esprit inventif se manifesta en mainte occasion. Il trouva une méthode pour déterminer la profondeur de la mer, d'après le temps que met

un corps plus léger que l'eau à remonter du fond
à la surface, et se rencontra dans ses calculs
avec ceux du juif Savasorda, traduit par Platon
de Tivoli en 1116, il est vrai, mais parfaitement inconnu d'Alberti.

Outre ses ouvrages, dont il parle dans ses dix
livres d'architecture : *du Navire, Théogène, de la
Dignité et des devoirs d'un pontife* (*), il énumère
encore quelques inventions. Laissons-le parler par
l'organe de son traducteur Jean Martin :

« l'ai découvert en autre lieu la manière de s'em-
« pavoiser en moins de rien quand ce vient au
« combat pour se garder des traits. »

« Et i'ai d'advantage trouvé l'industrie pour faire
« que par un seul coup de maillet se puisse abattre
« le tillac tout à plat et contraindre ceux qui seront
« dessus à ruiner dans le fond du navire, puis le re-
« dresser en moins de rien en son premier estat. »

« Encore est de mon invention le moyen pour
« faire que toute une flotte de navires soit incon-
« tinent arse et brouie, tellement que tous soldats
« et matelots et autres personnages meurent de
« mort très-misérable. »

(*) Le traité anonyme *De legato pontificio*, impr. avec
la réimpression de l'opuscule intitulé *Trivia Senatoria*, in
academia Veneta, 1558.

Comme peintre et comme sculpteur, il a laissé la réputation d'un homme de talent. Landini raconte qu'il possédait des œuvres de son pinceau, de son ciseau et de son burin. Volontiers il faisait le portrait de ses amis. Étant à Venise, il traça de mémoire, et très-ressemblantes, les images de personnes qu'il avait laissées à Florence depuis plusieurs mois. Vasari cite de lui une vue perspective de Venise qu'il considère comme son meilleur tableau, trois petites peintures dans une chapelle près du pont de la Carraia, de grandes figures èn clair-obscur dans la maison Palla Ruccellai, à Florence, et son propre portrait, fait au miroir, que Paul Jove dit également avoir vu dans la même maison. De sa sculpture, il ne reste rien qu'on sache. Heureusement que son passage comme architecte est attesté par quelques monuments.

Sigismond Malatesta, prince fort instruit, ingénieux, très-entendu aux choses militaires, et auquel on attribue le dessin du château de Rimini, que d'autres donnent à Roberto Valturio, confia à Alberti le soin d'élever la façade de San-Francesco. On voit dans cette église une image sculptée de l'architecte, qui semble y avoir préparé son tombeau en face de celui de Sigismond.

Louis de Gonzague, marquis de Mantoue, fit

exécuter par Luca le Florentin l'église de Sant'Andrea d'après les dessins et les modèles d'Alberti, et Salvestro Fancelli, architecte et sculpteur de Florence, entreprit des travaux à Padoue également sur les dessins de Leon-Battista.

Son ami Flavio Biondo, le célèbre historien, qui nous a laissé sur son compte, dans l'*Italia illustrata*, une notice élogieuse, le présenta au pape Nicolas V. Ce pontife, grand bâtisseur, entreprit de le fixer à Rome. Alberti exécuta d'importants travaux à Santa-Maria-Maggiore, avec le concours de Bernardo Rossellino. Il restaura l'aqueduc de l'Aqua Vergine et construisit sur la place de Trevi une fontaine, remplacée plus tard, sous Clement XII, par une autre d'après les dessins de Nicola Salvi. On dit que le pape voulut lui confier les travaux du Vatican, mais que la mort du saint-père coupa court à ce projet.

On doit à Alberti le chœur et la tribune de la Nunziata de Florence. Il exécuta ce chœur en forme de temple circulaire : *opera capricciosa et difficile*, dit Milizia dans ses *Vies des Architectes célèbres*, En 1457 environ, Giovanni Ruccellai bâtit en marbre, à ses frais, la façade de Santa-Maria-Novella, sur les dessins d'Alberti. Ce travail ne fut terminé qu'en 1477, et la porte fut très-justement admirée.

Notre Battista construisit encore à Florence, pour Cosme Ruccellai, un palais et une *loggia* dans la rue *della Vigna*, puis, dans la même ville, et toujours pour les Ruccellai, un autre palais avec double *loggia*, œuvres dont Vasari fait le plus grand éloge. Il ne faut pas oublier la chapelle de San-Brancazio pour cette même puissante famille.

Alberti mourut à Florence, fort âgé. On ignore la date précise de sa mort. Quelques biographes pensent qu'il faut la mettre en 1484. Mais comme on n'a là-dessus aucune notion précise, le mieux est de n'en pas parler. « *Disgrazia grande per chi trova la sua felicita nelle date!* » Grand malheur pour qui trouve son bonheur dans les dates! s'écrie ironiquement le P. Milizia, un de ses nombreux et laconiques biographes.

Leon-Battista Alberti fut enseveli à Santa-Croce. Paul Jove, à la fin de sa courte notice, place cette épitaphe de Jean Vitale, que donne aussi le Vasari :

Albertus jacet hic Leo : Leonem
Quem Florentia jure nuncupavit ;
Quod princeps fuit eruditiorum ;
Pinceps ut Leo solus est ferarum.

Jean Martin la traduit ainsi :

> Celuy qui gist ici, Albert estoit nommé,
> Que Florence à bon droit a Lion surnommé.
> D'autant que prince fut des plus savantes testes,
> Comme le seul Lion est le prince des bestes.

J'aurais souhaité de ne pas rester sur ce mot mal-sonnant, mais il n'y a aucun danger d'une applica-tion possible à notre héros.

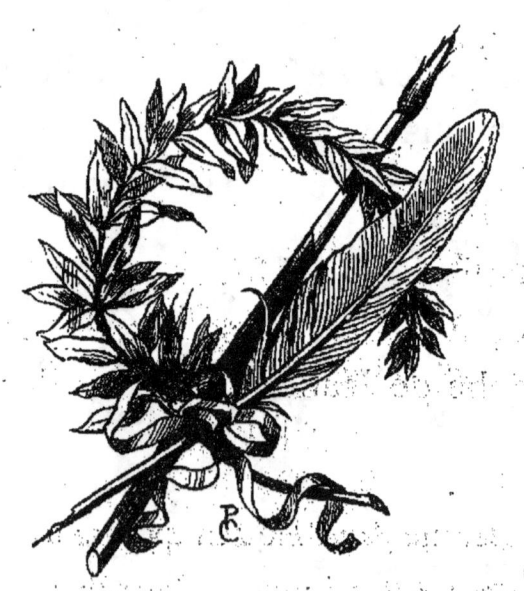

DE LA STATUE

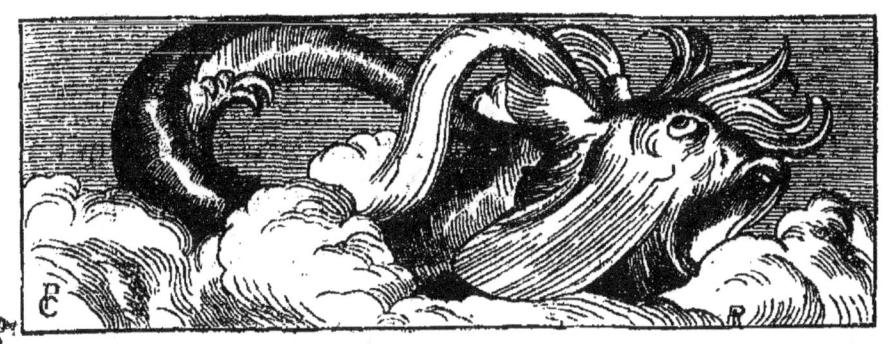

DE LA STATUE.

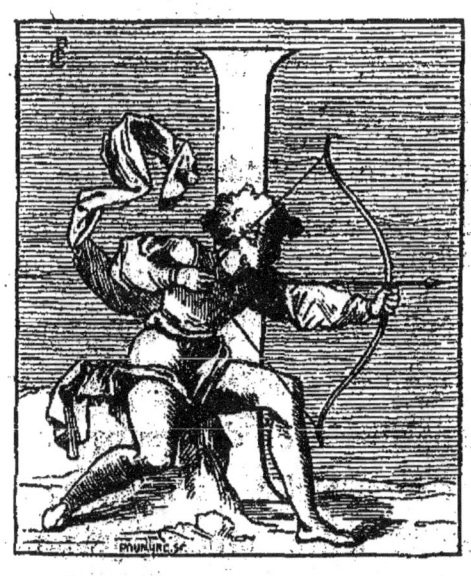

E pense que les arts de ceux qui entreprirent d'exprimer et de représenter, par leurs œuvres, les effigies et les ressemblances des corps créés par la nature, ont dû leur origine à ce fait que, découvrant d'aventure certains contours sur des souches, des terrains ou autres choses semblables, ces hommes purent, modifiant quelquefois l'aspect de ces objets, les rendre pareils à des figures naturelles.

Or, les considérant avec l'esprit, et les examinant diligemment, ils s'efforcèrent de voir, tout d'abord, ce qu'ils pourraient y adjoindre ou en retrancher, finalement tout ce qu'il faudrait pour les rendre de telle sorte qu'il ne semblât rien leur manquer de ce qui pût leur donner un aspect réel et les compléter.

Ainsi donc, en tant que la chose elle-même les en instruisait, corrigeant dans de telles apparences, tantôt des lignes, tantôt des surfaces, les nettoyant et les appropriant, ils obtinrent ce qu'ils souhaitaient, non vraisemblablement sans plaisir. Ce n'est pas merveille qu'en des travaux si naïfs les études des hommes se soient élevées progressivement jusqu'à ce degré que, ne recherchant plus des formes ébauchées naturellement dans la matière première, ils exprimassent en elle les effigies qui leur convinrent, ceux-ci d'une façon, ceux-là d'une autre. Tant est-il que tous n'apprirent pas à exécuter ces œuvres par les mêmes moyens, ni par la même méthode.

En effet, quelques-uns commencèrent à perfectionner leurs travaux primitifs par l'adjonction et l'ablation de la matière, comme font les ouvriers en cire, en stuc ou en terre, que nous nommons maîtres stucateurs. D'autres atteignirent ce but par la seule abscission de la substance, comme ceux qui, enlevant le superflu du marbre, le taillent et y font apparaître une figure humaine qui semblait y avoir été scellée et enfouie : nous les appelons sculpteurs. Dans cette catégorie se rangent, sans contredit, ceux qui gravent sur des cachets des figures y paraissant encloses. Une troisième variété est formée de ceux qui exécutent certains travaux par l'agglomération de la matière, ainsi que les argentiers qui, battant avec leur marteau le métal, le distendent et l'élargissent à la proportion de la forme qu'ils souhaitent, y ajoutant sans cesse quelque chose, jusqu'à ce qu'ils aient atteint leur but. Des personnes penseront qu'on doit classer les peintres dans cette catégorie, parce que, sur leurs tableaux, ils s'appliquent aussi à étendre les couleurs. Mais si tu les consultais, ils te diraient qu'ils s'efforcent d'imiter les lignes et les couleurs des corps visibles, bien moins par l'adjonction ou l'ablation de quelque substance dans leurs travaux, que moyennant un autre artifice qui leur est propre et particulier. Quant à ce qui est du peintre, nous en traiterons une autre fois.

Assurément, les hommes dont je viens de parler s'acheminent, par des voies différentes il est vrai, vers un même but, qui est d'exécuter les travaux de façon à ce qu'ils paraissent aux spectateurs ressembler le plus possible aux corps véritables créés par la nature. Certes, s'ils suivent et recherchent cette droite théorie et cette règle précise que nous allons décrire, leurs erreurs, s'ils en commettent, seront moins grandes, et leurs œuvres, tout compte fait, réussiront beaucoup mieux. Crois-tu que si les menuisiers n'avaient pas eu l'équerre, le fil à plomb, la règle, le compas qui trace les cercles, instruments à l'aide desquels ils peuvent déterminer les angles, aplanir, achever leurs travaux, crois-tu, dis-je, qu'ils fussent parvenus à les exécuter facilement et sans erreur ? Eh bien ! est-ce que le statuaire pourrait accomplir des œuvres si excellentes et si merveilleuses au hasard, plutôt que d'après une méthode fixe et un guide certain tirés du raisonnement ? J'en viens donc à ceci, que l'on tire de la nature certains principes, certaines réflexions et certaines règles qui, si nous voulons les examiner avec soin et nous en servir avec diligence, nous feront indubitablement mener à bonne fin toutes nos entreprises, de quelque art ou discipline qu'il s'agisse. Car, de même que la nature nous a donné de reconnaître, comme nous l'avons dit plus haut, que nous pouvons exécuter des œuvres qui ressemblent aux siennes d'après la seule inspection des linéaments qu'affecte ou une souche, ou une motte de terre, ou tout autre objet, de même encore cette même nature nous a-t-elle indiqué des moyens auxiliaires à l'aide desquels nous pouvons opérer avec sécurité et certitude comme nous l'entendrons ; et quand nous prendrons garde à ces moyens et les voudrons observer, nous pourrons très-certainement et très-commodément atteindre au suprême degré de notre art.

C'est le moment de déclarer ici quels sont ces auxiliaires que la nature fournit aux statuaires ; et puisque ceux-ci cherchent l'imitation et la ressemblance, c'est par là qu'il faut commencer.

Je pourrais, à ce propos, discourir sur la raison des ressemblances, et disserter sur cette loi de nature qui a coutume de veiller, dans chaque espèce d'animaux, à ce que chaque individu soit, en son genre, très-semblable à un autre ; tandis que, parmi les hommes, on n'en saurait trouver deux qui eussent la voix identique, non plus que le nez ou toute autre partie. Ajoutons à cela que ceux que nous avons vus petits enfants, que nous avons connus adolescents, puis hommes faits, et qui, enfin, nous paraissent vieux présentement, nous semblent méconnaissables, défigurés qu'ils sont par le singulier changement que les années, de jour en jour, ont amené sur leur visage. D'où nous pouvons conclure que, dans les formes du corps, il est certaines choses qui varient avec le temps, mais que, néanmoins, il se retrouve toujours dans ces formes un je ne sais quoi de naturel et de particulier se conservant continuellement assez stable et ferme pour maintenir la ressemblance du genre.

Or, laissant de côté toutes choses étrangères, nous traiterons très-brièvement de celles dont il conviendra d'éclairer la question que nous avons entrepris d'élucider.

Chez les statuaires, le mode et la règle pour saisir la ressemblance s'emploient, si je ne me trompe, suivant deux résolutions. L'une qui consiste à rendre cette ressemblance ou image d'un être animé, par exemple de l'homme, en sorte qu'elle lui soit très-semblable. Et là, peu nous importe qu'elle représente l'image de Socrate plutôt que celle de Platon ou de tout autre homme de notre connaissance, attendu que l'essentiel sera d'avoir si bien opéré que notre travail ressemble à un homme, encore qu'il nous soit inconnu.

L'autre résolution consiste à vouloir représenter non-seulement la ressemblance de l'homme en général, mais encore celle qui est particulière à un seul, comme serait l'image de César ou celle de Caton, lui donnant l'allure, la tenue qu'avait ce personnage siégeant au tribunal ou haranguant le peuple, en s'efforçant d'exprimer sa tournure ou celle de tout autre que nous connaissions.

Bref, pour l'une comme pour l'autre de ces résolutions, deux choses importantes sont à considérer : *la mesure* et *la définition des limites.* Nous avons à dire ce qu'elles sont et l'emploi qu'on en peut faire pour mener l'œuvre à bonne fin. Je parlerai d'abord de l'utilité qu'on en retire. C'est qu'en effet elles possèdent une sorte de vertu merveilleuse presque incroyable, et celui qui les connaîtra pourra désigner, déterminer, noter, par des marques très-certaines, les contours, la situation, la position des parties de quelque corps qu'il lui plaira. Ce que je n'entends pas dire seulement à un jour ou deux de là, mais dans mille ans d'ici; et pourvu qu'il retrouve ce corps en l'état où il l'aura laissé, il pourra l'établir et le colloquer précisément, suivant sa volonté, en telle posture et situation qu'il avait la première fois. Tellement, qu'il n'y aura si petite portion du susdit corps qui ne soit remise et rétablie juste au point même qu'elle occupait précédemment dans l'espace. Ainsi, par aventure, si, le doigt étendu, feignant de montrer l'étoile de Mercure ou la nouvelle lune qui se lève, tu voulais savoir à quel point de l'espace se trouve l'angle formé par ton genou, ton doigt, ton coude ou quelque autre partie que ce soit, tu le pourrais sûrement avec nos moyens auxiliaires, sans aucune erreur, même minime, et tu seras certain, à n'en pouvoir douter, qu'il en est ainsi. En outre, s'il se faisait, par hasard, que j'eusse enveloppé de terre ou de cire une statue de Phidias, de manière à en faire un gros cylindre, tu pourras, grâce à ces moyens et à ces règles, avancer hardiment qu'en perçant avec une tarière, tu sauras trouver la pupille de l'œil, l'atteindre sans dégât, et désigner de cette façon, soit la place de l'ombilic, soit celle du pouce, soit, enfin, celle de toute autre partie. Or, il adviendra qu'ainsi tu auras acquis une observation très-exacte de tous les angles, de toutes les lignes, de leurs distances respectives et de leurs conjonctions. Tu pourras, chaque fois que tu opéreras de cette façon sur le vif ou sur un modèle, non-seulement le représenter et le tracer, mais encore inscrire la direction de ses lignes, la circonférence de ses cercles, la position de ses parties. Donc, tu ne douteras pas que tu puisses, avec ces moyens et par ces facilités, reproduire ton modèle exactement semblable, ou moindre, ou de cent brasses plus grand, ou de telle mesure que je n'oserais dire.

C'est à ce point, qu'avec le secours de ces pratiques efficaces je ne doute pas que tu ne le puisses exécuter de la dimension du mont Caucase, pourvu qu'à de si vastes entreprises les moyens ne fassent pas défaut. Et ce qui t'émerveillera davantage, peut-être, c'est qu'il sera possible, en t'y prenant bien, d'exécuter la moitié de cette statue dans l'île de Paros, puis d'extraire et de terminer l'autre dans les montagnes de Carrare, de façon à ce que

les jonctions et les commissures se raccordent partout
dans l'ensemble ou dans la face de l'image, et correspondent au corps vivant ou au modèle d'après lequel elle
aura été faite. Quant à la règle ou méthode pour exécuter d'aussi grandes choses, tu l'auras si facile, si claire
et si expéditive, que toute erreur ne me paraîtra possible
que pour ceux qui, soit exprès, soit par expérience, ne
l'auront pas voulu suivre.

Je n'entends pas par là, cependant, t'enseigner un artifice moyennant lequel tu puisses rendre absolument toutes
les ressemblances des corps, ni t'apprendre à représenter
quelque diversité ou similitude qu'ils comportent. Je con-
fesse aussi ne pas faire profession de t'enseigner, par cette
voie, la manière dont tu devras exprimer la figure d'Hercule alors que, combattant Antée, son visage reflète toute
la bravoure et toute la fierté qui conviennent à cette action; non plus que le moyen de lui donner l'air bénin,
joyeux et riant qu'il prend en caressant sa Déjanire, aspect bien différent du premier et toutefois représentant
également le visage d'Hercule.

Mais on rencontre, dans tous les corps et dans toutes
les figures, des attitudes variées, selon que les membres
sont étendus ou repliés et suivant leurs positions. Car les
lignes et les contours, chez une personne debout, assise
ou couchée, affectent des formes différentes, aussi bien
que chez celles qui se penchent d'un côté ou d'un autre
et prennent toute autre posture. C'est ce dont nous avons
l'intention de parler, à savoir : de quelle manière, avec

quelles règles fixes, certaines et vraies, on peut imiter et retracer ces attitudes.

Ces règles, comme je l'ai dit, sont au nombre de deux : la *mesure* et la *définition des limites*.

Nous traiterons en premier lieu de la *mesure*. Ce n'est, à tout prendre, autre chose qu'une observation stable et une remarque arrêtée, par lesquelles on reconnaît et on traduit en nombres et mesures les distances, les proportions et correspondances qu'ont entre elles, l'une avec l'autre, tant en hauteur qu'en épaisseur, toutes les parties d'un corps, ainsi que les rapports qui se trouvent entre ces parties et la longueur de ce corps. Cette observation et cette connaissance s'obtiennent à l'aide de deux instruments, une grande règle et une double équerre mobile. Avec la règle, nous mesurons la longueur des membres ; avec l'équerre double, nous en prenons les diamètres. Pour avoir la longueur de cette règle, on tire une ligne droite de la longueur du corps que l'on voudra mesurer, depuis le sommet de la tête jusqu'à la plante des pieds. Ici nous remarquons que, pour mesurer un homme de petite stature, il faudra prendre une règle moindre, et que, pour un homme d'une taille élevée, il en faudra une plus longue. Cependant, quelle que soit la longueur de cette règle, nous la diviserons en six parties égales. Ces parties, nous les nommerons des *pieds*, et, à cause de ce nom, nous appellerons cette règle la *mesure du pied*. Nous diviserons de nouveau chacun de ces pieds en dix parties égales, et nous nommerons

ces subdivisions des *onces*. La longueur totale
de toute cette mesure sera donc de soixante
onces. Nous diviserons encore chacune de ces
onces en dix autres parties égales, que nous
nommerons des *minutes*. De cette division il
résultera que toute la mesure sera de six *pieds*,
que ces pieds formeront six cents *minutes*, et
que chaque *pied* contiendra cent *minutes*. Voici
comment nous nous servirons de ce module :
si, par hasard, nous voulions mesurer un corps
humain, nous appliquerions sur ce corps cet
instrument à l'aide duquel nous observerions
et noterions la limite des membres en *onces* et
en *minutes*. Ainsi, par exemple, la distance
qu'il y a entre le sol et le dessus des pieds, la
distance d'un membre à un autre, comme du
genou à l'ombilic ou à la fontanelle de la gorge,
et ainsi du reste.

C'est là une chose que ni le sculpteur ni le
peintre ne doivent dédaigner, car elle est fort
utile et tout à fait nécessaire. C'est pourquoi,
recherchant le nombre d'*onces* et de *minutes*
qu'il y a dans les membres, nous arriverons à
le déterminer promptement et d'une façon très-
expéditive, de telle sorte qu'aucune erreur ne
sera possible. Et ne te mets pas en peine d'écouter tel arrogant qui, par hasard, te viendrait dire :
ce membre-ci est trop long, celui-là trop court. En effet,

le module qui t'aura servi à déterminer chaque chose et à t'imposer ta règle te dira plus vrai que qui que ce soit. Or, je ne doute nullement qu'après avoir tout bien considéré, tu ne t'aperçoives que ce module est fait pour te procurer beaucoup d'autres avantages. En effet, tu t'aviseras, grâce à lui, du moyen qu'il faut employer pour établir et déterminer les longueurs, aussi bien dans une petite statue que dans une plus grande.

C'est pourquoi, si tu avais à faire, par exemple, une statues de dix brasses, tu veillerais à te procurer une règle ou module de dix brasses de longueur, et, la divisant en six parties égales correspondant entre elles comme le font celles du module moindre, tu verrais, ayant tracé les *onces* et *minutes,* que l'emploi en serait tout pareil, attendu que la moitié des divisions du plus grand a la même proportion avec tout son entier que la moitié des divisions du moindre avec tout l'entier de ce dernier. Pour t'en assurer, il suffira que tu aies fait ton module.

Traitons maintenant des équerres. Nous en ferons deux, composées de deux règles A B C, nommant A B la règle verticale, et B C celle qui sert de base. La grandeur de ces règles doit être telle que chaque base contienne au moins quinze *onces* proportionnelles au module. J'entends par là que les onces soient de la même longueur que sur le module en rapport avec le corps que tu entendras mesurer ; c'est-à-dire qu'elles soient, comme je l'ai dit ci-dessus, plus grandes sur un plus grand module, et moindres sur un plus petit. Quelles que soient donc ces *onces* obtenues d'après le module et ponctuées en *minutes,* tu commenceras par les marquer sur la base de l'équerre de B en C, les traçant égales aux *onces* et aux *minutes* du module.

Soit, par exemple, cette équerre A B C dessinée de cette façon; nous la superposons à une autre équerre toute semblable D F G, de telle sorte que la ligne G F puisse servir de verticale et de base aux deux équerres. Supposons que je veuille mesurer le diamètre de la tête A K D : manœuvrant ces équerres, j'approcherai ou j'éloignerai de ladite tête les règles droites A B et D F jusqu'à ce qu'elles s'appliquent sur la surface de la tête, en ayant soin de maintenir les deux bases sur une même ligne horizontale. De cette façon, moyennant les points de contact A D des deux équerres, ou plutôt de leurs verticales, je verrai quel sera le diamètre de la tête. En suivant cet ordre et cette méthode, je pourrai très-exactement prendre toutes les grosseurs et largeurs de quelque membre que ce soit. Il y aurait lieu d'énumérer bien des avantages et des commodités qui ressortiront de ce module ainsi que de ces équerres, si je ne pensais qu'il valût mieux me taire. Par-dessus tout, ces choses ont cela d'excellent, que l'esprit le plus médiocre concevra et remarquera la manière dont il pourra mesurer le diamètre de quelque

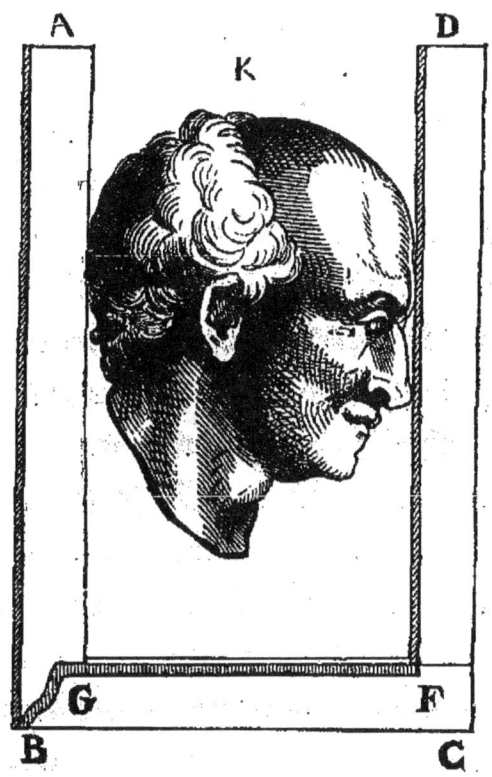

membre que ce soit, par exemple celui d'une oreille à l'autre, ou bien encore constater l'intersection de celui du front à la nuque avec le précédent, et ainsi du reste.

Enfin, l'homme d'art, s'il m'en croit, emploiera ce module et cette équerre comme de très-fermes guides et de sincères conseillers, et il se servira de cet instrument, non-seulement en commençant et en continuant son travail, mais encore en s'y préparant; de telle sorte qu'il n'y ait si petite partie de sa statue qu'il n'ait soigneusement considérée, examinée, et ne se soit rendue familière. Ainsi, par exemple, quel est celui qui oserait se dire constructeur de navires, s'il ne savait quelles en sont les parties, en quoi elles diffèrent les unes des autres, et quels sont les détails qui appartiennent à celles-ci ou à celles-là? Et quel serait celui de nos sculpteurs, si avisé et si habile fût-il, qui, s'il lui était demandé : Pour quelle raison as-tu fait ce membre de cette façon? ou bien : Quelle proportion existe-t-il entre celui-ci ou celui-là? ou bien encore : Quel est le rapport de ce membre avec la longueur totale du corps? quel serait, dis-je, le sculpteur, pour si soigneux et si diligent qu'on le tînt, qui aurait considéré et remarqué tout cela autant qu'il le faut, ou seulement autant qu'il est raisonnable et qu'on doit s'y attendre de la part d'un homme bien entendu dans la pratique d'un art qu'il professe?

Les arts s'apprennent surtout en suivant la raison, la règle et la voie qui conviennent; et jamais personne ne pourra venir à bout d'un art quelconque s'il n'en a d'abord bien appris les parties.

Nous avons parlé de la *mesure* et de la manière de la bien prendre avec le module et l'équerre. Il nous reste à parler de la *détermination des limites*, qui consiste à tirer toutes les lignes et à les développer, à arrêter les angles, les creux et les reliefs, en les colloquant là où il faut, avec une méthode sûre et certaine. Cette détermination sera complète si, avec un fil à plomb partant d'un certain centre placé au milieu de la figure, on en prend et on en

remarque toutes les distances, toutes les extrémités li-
néaires, et jusqu'aux moindres limites. Ainsi donc, il y a
cette différence entre la mesure et la détermination des
limites, que la mesure, en tournant autour du corps,
nous donne des résultats généraux établis en lui, par la
nature, avec une plus grande stabilité, comme la longueur, l'épaisseur et la largeur des membres; tandis que
la détermination des limites nous donne les variations
momentanées causées dans les membres par les attitudes
nouvelles et les mouvements des parties, nous enseignant
ainsi leur place et leur disposition.

Si nous voulons exécuter parfaitement cette opération,
nous avons besoin d'un instrument composé de trois
membres ou parties : un *horizon,* une *aiguille* et un *fil
à plomb.*

L'*horizon* est un plan dessiné sur un cercle divisé en
parties égales et numérotées. L'*aiguille* est une règle
droite, dont une extrémité est fixée au centre du cercle et
dont l'autre, tournant à volonté, peut se transporter sur
chacune des divisions de l'horizon. Le fil à plomb tombe
en ligne droite de l'extrémité de l'aiguille jusqu'au sol sur
lequel repose la statue dont on veut, comme il a été
dit ci-dessus, déterminer les limites et les contours des
membres.

Cet instrument se construit ainsi. Prenez une table
bien dressée et bien polie, tracez-y un cercle dont le diamètre soit de trois *pieds*, divisez-en la circonférence en
parties égales, ainsi que font les astrologues pour les

11

astrolabes. Ces parties, je les nomme *degrés*. Je subdivise chacun de ces degrés en autant de parties qu'il me plaît, soit, par exemple, en six subdivisions que j'appelle *minutes*. Sur chaque degré j'inscris son numéro d'ordre, comme 1, 2, 3, 4, etc., et ainsi de suite jusqu'à ce que tous en soient pourvus. Ce cercle ainsi organisé, je le nomme *horizon*, j'y accommode l'aiguille mobile qui se dispose ainsi :

Je prends une règle mince et droite, longue de trois *pieds* correspondant au module, et à l'une de ses extrémités je la fixe avec un pivot au centre de l'*horizon*, de manière à ce qu'elle puisse tourner facilement et que l'autre extrémité, dépassant suffisamment le bord du cercle, se puisse mouvoir et diriger tout autour. Sur cette aiguille, je ponctue les *onces* comme j'ai dit plus haut, et je les fais égales à celles du module; je subdivise, comme sur ce dernier, ces *onces* en parties moindres, et je leur donne, en partant du centre de l'*horizon*, les numéros 1, 2, 3, 4, etc. J'attache à cette aiguille un fil terminé par un petit plomb, et cet appareil ainsi complété, composé de l'*horizon*, de l'*aiguille*, du *fil à plomb* tel que je viens de le décrire, je le nomme le *définisseur*.

Voici comment je l'emploie. Supposons que le modèle dont je veuille prendre les déterminations soit une statue de Phidias qui, auprès d'un char, refrène un cheval avec la main gauche. Je place le *définisseur* sur la tête de la statue, de façon qu'il soit dans un même plan horizontal par rapport à son centre posé sur le sommet de la tête,

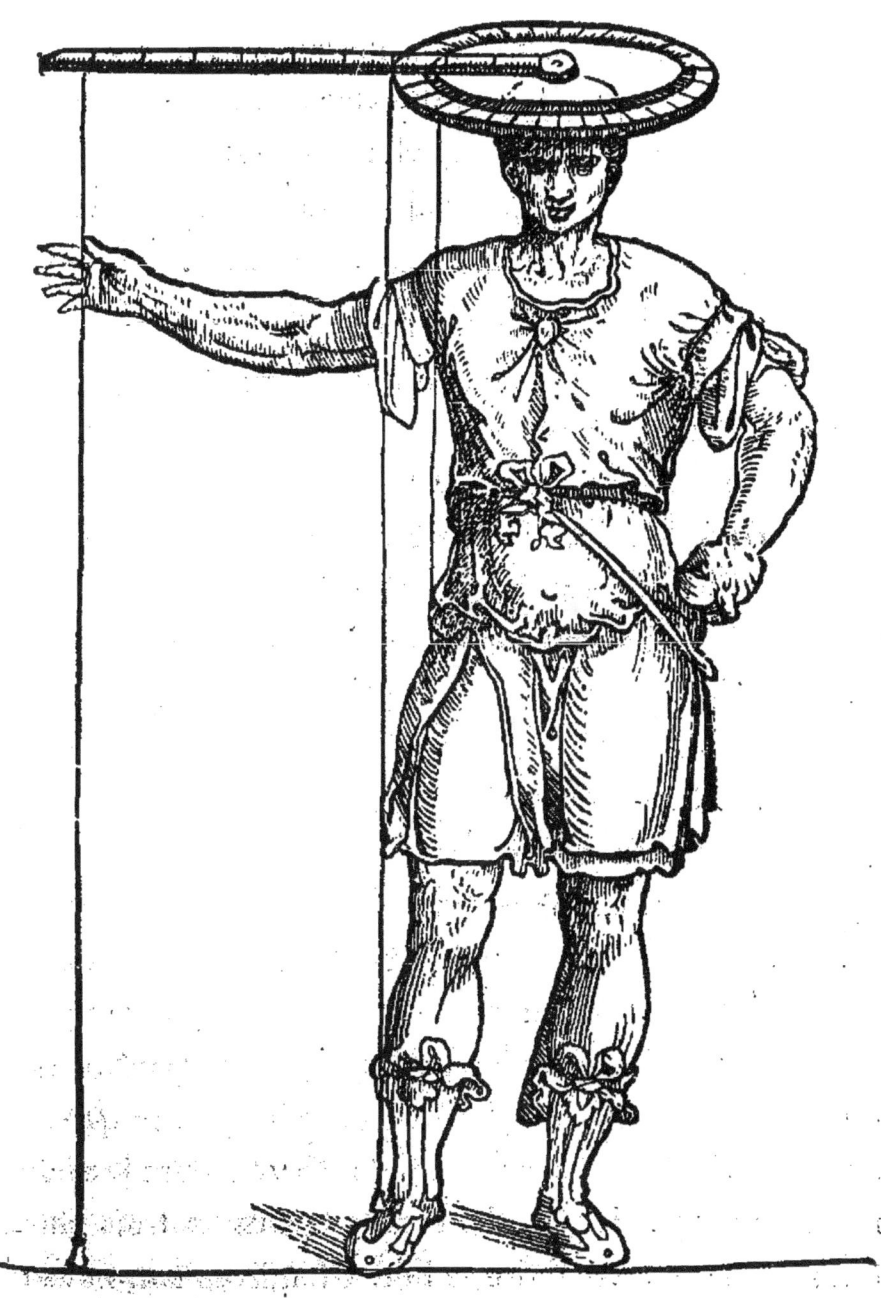

où je le fixe à l'aide d'une vis. Puis, à partir d'un endroit
déterminé de l'*horizon*, j'établis et place le premier degré

de façon à savoir bien à quelle partie il correspond. Cela s'obtient en conduisant la règle mobile à laquelle est appendu le fil à plomb exactement sur le premier degré déjà tracé sur l'*horizon*, dont je parcours le cercle, après y avoir marqué le point de départ, jusqu'à ce que le fil à plomb vienne toucher quelque partie principale de la statue, soit, par exemple, un membre plus remarquable que tout autre, le doigt de la main droite. De là, je pourrai manœuvrer de nouveau, où et comme il me plaira, ce *définisseur,* et le ramener exactement à son point de départ, c'est-à-dire faire en sorte que, le pivot pénétrant au centre de l'instrument dans la tête de la statue, l'aiguille, qui d'abord se trouvait sur le premier degré, revienne dans cette position replacer le fil à plomb sur ce même gros doigt de la main droite. Cela bien coordonné, supposons que je veuille observer la position de l'angle du coude gauche, de façon à m'en souvenir ou pour le mettre en écrit, voici comment j'opère :

Je fixe mon *définisseur,* le centre sur la cime de ma statue, dans la position ci-dessus indiquée, prenant garde à ce que la table où est inscrit l'*horizon* soit parfaitement immobile, et je fais tourner l'*aiguille* jusqu'à ce que le fil à plomb vienne toucher le coude gauche dont je voulais noter la place. Il y a dans cette opération trois choses qui nous feront atteindre le but. Premièrement, nous remarquerons la distance parcourue par l'aiguille, à partir du point où elle était tout d'abord, considérant à quel degré de l'horizon nous l'arrêtons, soit au vingtième, soit au trentième, soit à tout autre degré. Secondement, tu t'apercevras, au moyen des onces et des minutes tracées sur l'aiguille, de l'écartement existant entre ce coude et le centre du cercle. Enfin, en troisième lieu, tu verras, en posant le module sur le sol même de la statue, à combien d'onces et de minutes ce coude en est éloigné. Puis, sur une feuille de papier ou sur un livret, tu noteras ces mesures de la manière suivante : l'angle du coude gauche sur l'*horizon* vient à degrés 10, *minutes* 5 ; — sur l'aiguille, à degrés 7, minutes 2 ; — sur le module, à partir du sol, à *degrés* 40 et *minutes* 4. Ainsi donc, avec cette même méthode, tu pourras noter la position de toutes les autres parties les plus remarquables de la statue ou du modèle vivant ; comme, par exemple, les angles des genoux ou des épaules et toutes autres saillies semblables.

Mais, si tu voulais noter et déterminer des cavités, des enfoncements tellement reculés et profonds que le fil à plomb ne les pût approcher, par exemple la cavité entre les épaules ou celle des reins, tu ajouterais à l'aiguille un autre fil à plomb tombant dans cette cavité, et aussi distant que tu voudrais de cette cavité. Moyennant ces deux fils à plomb qui pendent d'un rayon commun d'une même superficie plane, pivotant au centre même de la statue, tu pourras, en formant une intersection avec ces deux fils, mesurer de combien le second fil est plus proche que le premier du centre du *définisseur*, point qu'on peut nommer l'*aplomb* central.

Si tu sais suffisamment tout cela, tu te convaincras fa-

cilement de ce que nous avons avancé plus haut, à savoir
que, si, par aventure, la susdite statue était, jusqu'à une
certaine épaisseur, recouverte de cire ou de terre, tu pourrais, en perçant ces matières d'une façon expéditive, certaine et commode, parvenir à trouver du premier coup tel
point ou tel contour de la statue que tu aurais noté. Attendu qu'en effet, l'*aiguille*, tournant sur elle-même, décrit dans l'espace la surface d'un cylindre dont la statue
semble comme enveloppée. Et puisque tu peux, en tra-
versant l'espace, arriver sur ta statue, qui n'est entourée
ni de cire, ni de terre, à noter un point quelconque,
soit, par exemple, la saillie du menton, il est évident
que, par le même procédé, tu pourras traverser la cire
et la terre comme tu traverses l'espace, en supposant que ce dernier se soit converti en de telles sub-
stances.

D'après tout ce que nous avons dit, il deviendra possible d'exécuter avec facilité ce que nous avons avancé
plus haut, c'est-à-dire la moitié de la statue à Carrare et l'autre à Paros. Car, si j'ai scié par le milieu,
je veux dire à la ceinture, la susdite statue de Phidias,
pourvu que cette section soit plane, je pourrai, m'étant
confié au bon office de notre instrument le *définisseur*,
noter sur son cercle autant de points correspondant à la
superficie sciée de la statue. En m'accordant que cela
soit possible, tu conviendras indubitablement qu'on peut
noter et tracer encore, dans tout le modèle, une partie
quelconque prise à volonté, pourvu que tu indiques, par

une petite ligne rouge, l'endroit où s'apercevrait la section horizontale si l'on sciait la statue. Les points que tu auras notés te permettront de terminer ton travail, et il en résultera ce que je t'ai dit. Enfin, grâce aux moyens sus-énoncés, on voit manifestement qu'on peut prendre les mesures et les déterminations d'un modèle vivant ou d'une statue avec la plus grande commodité pour exécuter un travail parfait selon les règles de l'art et de la raison.

Je souhaite que cette manière de travailler devienne familière à mes peintres et à mes sculpteurs, qui, suivant moi, s'en réjouiront. Pour rendre cela plus manifeste par des exemples, et afin que mes fatigues procurent plus de satisfaction, j'ai pris la peine de décrire les principales mesures de l'homme, non-seulement celles qui sont particulières à tel ou tel homme, mais, autant qu'il m'a été possible, j'ai voulu établir l'exacte beauté dont la nature nous a gratifiés, et qu'elle octroie presque entièrement à certains corps avec des proportions déterminées. Or, je l'entends faire par écrit.

Imitant celui qui, chez les Crotoniates, devant exécuter la statue de la déesse, allait choisissant chez diverses jeunes filles, belles entre toutes, les parties de beauté plus exquises, plus rares et plus admirées en ces vierges, pour les transporter à sa statue, j'ai, moi aussi, choisi plusieurs corps entre les plus beaux. Puis, j'en ai extrait les proportions et les mesures; je les

ai comparées, et, faisant deux parts des extrêmes en
plus et en moins, j'ai tiré une moyenne proportionnelle qui m'a paru la plus louable. Donc, ayant mesuré les longueurs, largeurs et épaisseurs principales,
j'ai trouvé que les dimensions des parties du corps étaient
telles que voici :

Hauteurs à partir du sol :	Pieds.	Degrés.	Minutes.
La plus grande hauteur jusqu'au cou-de-pied est.	»	3	»
La hauteur externe du talon.	»	2	2
— interne du talon	»	3	1
— jusqu'au retrait sur le mollet .	»	8	5
— jusqu'au retrait sur le relief de l'os qui est sous le genou, à l'intérieur	1	4	3
— jusqu'au muscle qui est dans le genou, à l'extérieur . . .	1	7	»
— jusqu'aux bourses et aux fesses	2	6	9
— jusqu'au pubis.	3	»	»
— jusqu'à l'attache de la cuisse .	3	1	1
— jusqu'à l'ombilic.	3	6	»
— jusqu'à la ceinture.	3	7	9
— jusqu'aux seins et fourche de l'estomac	4	3	5
— jusqu'à la fontanelle de la gorge	5	»	»
— jusqu'au nœud du cou	5	1	»
— jusqu'au menton.	5	2	»

	Pieds.	Degrés.	Minutes.
La hauteur jusqu'à l'oreille	5	5	»
— jusqu'à la naissance des cheveux sur le front.	5	9	»
— jusqu'au doigt du milieu de la main pendante	2	3	»
— jusqu'à l'attache de ladite main pendante.	3	»	»
— jusqu'à la jointure du coude pendant	3	8	5
— jusqu'à l'angle supérieur de l'épaule	5	1	8

Les largeurs qui se mesurent de droite à gauche.

	Pieds.	Degrés.	Minutes.
La plus grande largeur du pied	»	4	2
— au talon	»	2	3
— entre les saillies du talon	»	2	4
Le rétrécissement au-dessus des talons	»	1	5
— du milieu de la jambe, sous le muscle	»	2	5
La plus grande grosseur au muscle du mollet	»	3	5
Le retrait sous la grosseur de l'os du genou.	»	3	5
La plus grande largeur de l'os du genou	»	4	»
Le retrait de la cuisse sur le genou . .	»	3	5

	Pieds.	Degrés.	Minutes.
La plus grande largeur du milieu de la cuisse.	»	5	5
— entre les muscles de l'attache de la cuisse	I	I	I
— entre les deux flancs, sur l'attache de la cuisse			
— à la poitrine, attache des bras	I	I	5
— entre les épaules . .	1	5	»
Largeur du cou			
— des joues.	»	4	8
— de la paume de la main.			

Les largeurs et les grosseurs des bras sont diverses, suivant les mouvemens, et généralement telles :

	Pieds.	Degrés.	Minutes.
La largeur du bras à l'attache de la main	»	2	3
— du bras au muscle et au coude . .	»	3	2
— du bras au muscle supérieur sous l'épaule.	»	4	»

L es épaisseurs des parties de devant à derrière.

	Pieds.	Degrés.	Minutes.
La longueur entre l'orteil et le talon . .	1	»	»
La grosseur du cou-de-pied à l'angle du talon	»	4	3

	Pieds.	Degrés.	Minutes.
Le retrait sous le cou-de-pied	»	3	»
Le retrait sous le muscle, au milieu de la jambe.	»	3	6
Où le muscle de la jambe fait saillie . .	»	4	»
Où la rotule du genou est le plus saillante	»	4	»
La plus grande épaisseur de la cuisse .	»	6	»
De la nature à la saillie des fesses . . .	»	7	5
De l'ombilic aux reins	»	7	»
A la ceinture	»	6	6
Des seins à la saillie du dos	»	7	5
De la gorge au nœud du cou.	»	4	»
Du front au derrière de la tête	»	6	4
Du front au bord de l'oreille.			
La grosseur du bras à l'attache de la main			
La grosseur du bras au muscle sous le coude			
La grosseur du muscle sous l'attache du bras.			
La plus grande épaisseur de la main. .			
L'épaisseur des épaules	»	3	4

Grâce à ces chiffres, on pourra facilement considérer quelles sont les proportions qu'ont entre elles toutes les parties des membres par rapport à la longueur du corps, comme les proportions et les convenances qu'elles ont

entre elles. Il y a là des variations et des différences qu'il
faut, je crois, connaître, car c'est une science fort utile. Nous
pourrions, en effet, dire bien des choses sur les change-
ments produits chez l'homme, selon qu'il est assis ou qu'il
se place par ci ou par là. Mais j'abandonne ces observations à la diligence et aux soins du travailleur. Il impor-
tera encore beaucoup de savoir la nomenclature des os et
des muscles, ainsi que le jeu des nerfs. En outre, il sera
grandement utile de connaître par quelle méthode nous
obtiendrons, à l'aide des parties visibles, la circonférence et
les divisions des parties qui ne se voient pas : comme si,
par exemple, quelqu'un venait à scier par le milieu un cylindre droit, de façon que la partie qui tombe sous la vue
correspondît en points et mesure avec celle qui ne se voit
pas; si bien que, de ce cylindre, on ferait deux corps aux
bases identiquement semblables, comprises qu'elles seraient entre des lignes pareilles et des cercles au nombre
de quatre.

C'est ainsi qu'il faut noter et remarquer les corps susdits
avec leurs sections; attendu que, par ce moyen, se doit
faire le dessin de la ligne qui détermine une figure et qui
sépare la superficie perçue par ton œil de celle qui lui est
cachée. Cette forme, si on la rendait sur un mur (il est
vrai que ce serait avec des traits), y semblerait toujours,
quelque aspect qu'elle affectât d'ailleurs, comme une ombre projetée par l'interposition d'une lumière qui l'éclaire-
rait juste au point où se trouverait l'œil du spectateur. Mais
cette sorte de sections ou de coupes et cette règle qui in-

dique la manière de dessiner les corps regardent plus le peintre que le sculpteur. Avant tout, l'important, pour qui veut faire profession de l'art de ce dernier, c'est de savoir de combien chaque relief ou chaque enfoncement, de quelque membre que ce soit, est distant d'une certaine position de ligne fixe et déterminée.

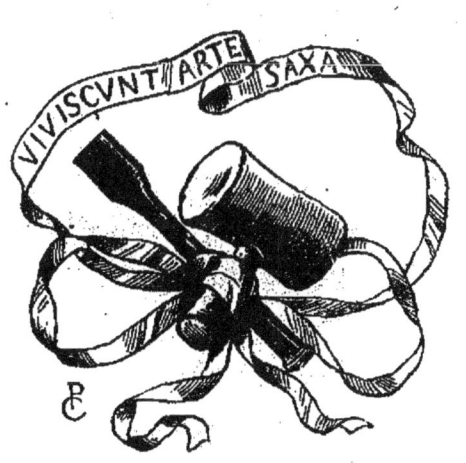

DE LA PEINTURE

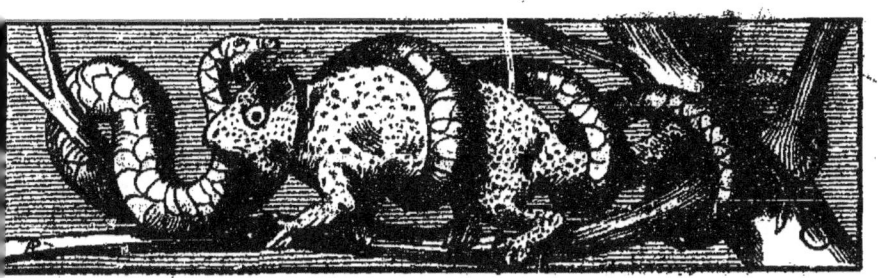

DE LA PEINTURE.

LIVRE PREMIER.

RUDIMENTS.

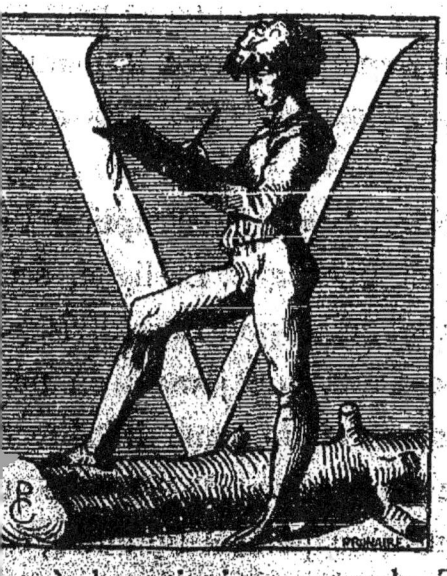

OULANT écrire sur la peinture en ces brefs commentaires, nous emprunterons aux mathématiciens, afin de rendre notre parler plus clair, tout ce qui paraîtra s'appliquer à notre sujet. Cela bien su, autant que notre intelligence y suffira, nous expliquerons cet art après les principes naturels. Toutefois, je souhaite vivement que, dans tout le cours de ce propos, on considère que je n'entends pas traiter la question en mathématicien,

mais bien en peintre. Effectivement, les mathématiciens
considèrent en esprit les apparences et les formes des
choses, abstraction faite de toute substance ; mais nous,
vraiment, qui voulons que l'objet nous tombe sous la vue,
nous aurons soin, en écrivant, d'employer, comme on dit,
une plus grasse Minerve. Et nous penserons avoir bien
fait, si à la lecture les peintres comprennent entièrement
cette matière, difficile assurément, et dont personne, que
je sache, n'a jusqu'à présent rien écrit. Je prie donc qu'on
ne considère pas cette œuvre comme celle d'un mathématicien, mais bien d'un peintre.

Pourtant, il importe de savoir premièrement que le
point est, à proprement parler, un signe qui ne se peut diviser en parties. Ici, j'appelle signe toute portion de superficie saisissable à l'œil ; attendu que ce qui ne se peut saisir par l'œil n'a absolument rien à faire avec le peintre :
car celui-ci ne s'applique à imiter que les choses qui se
voient sous la lumière.

Mais si les points se placent sans interruption l'un
après l'autre, ils déterminent une ligne. La ligne, selon
nous, sera un signe dont la longueur pourra se diviser en
parties, et si mince, cependant, que jamais on ne la
pourra fendre. La ligne droite est un signe tiré directement d'un point à un autre ; la ligne courbe sera celle qui,
n'étant pas tirée directement d'un point à un autre, formera une sinuosité. Plusieurs lignes réunies ensemble,
comme les fils d'une toile, détermineront une superficie.
En effet, la superficie est cette extrême partie d'un corps

qui ne se considère pas par rapport à la profondeur, mais seulement quant à la longueur et à la largeur, qui sont ses qualités. Les qualités appartenant aux superficies sont telles que, si celles-ci ne viennent à être complétement altérées, on ne peut les en séparer. D'autres qualités sont telles que, la même face de la superficie étant maintenue, elles tombent sous la vue de façon que la superficie semble altérée aux spectateurs. Les qualités perpétuelles des superficies sont au nombre de deux. L'une est celle qui est perçue moyennant ce circuit extrême qui enferme la superficie et que quelques-uns nomment horizon. Quant à nous, s'il se peut, nous le désignerons par ce vocable latin *ora*, ou, si on le préfère, nous l'appellerons contour. Ce contour est délimité soit par une seule ligne, soit par plusieurs. Par une seule, comme par une ligne circulaire ; par plusieurs, comme par une courbe et une droite ou par différentes courbes et différentes droites. La ligne circulaire est ce contour qui embrasse et contient toute l'aire du cercle. Quant au cercle, c'est cette forme de superficie

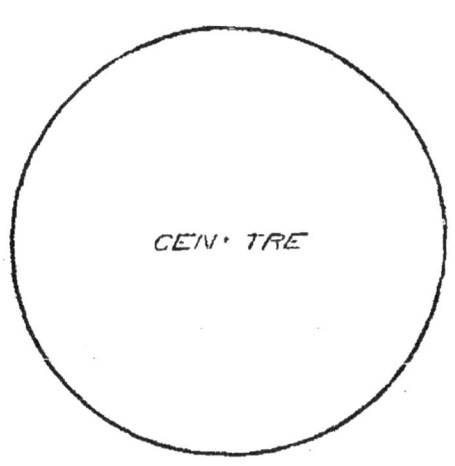

CEN · TRE

que contourne une ligne en guise de couronne. Si au milieu de ce cercle on inscrit un point, tous les rayons qui,
partant de ce point, se prolongeront directement conduits
à la circonférence, seront, par la longueur, égaux entre
eux. Pour ce qui est de ce point, il se nomme le centre du

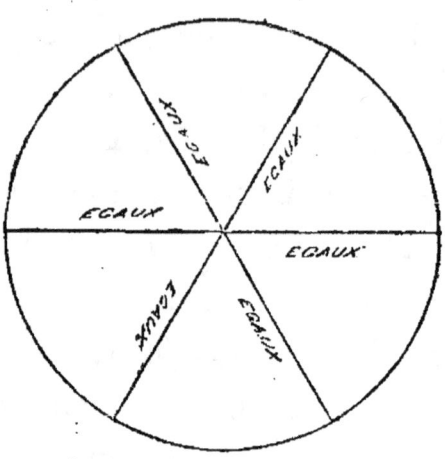

cercle. La ligne droite qui coupe deux fois la circonférence
du cercle, en passant par le centre, est appelée par les mathématiciens diamètre du cercle; cette ligne, nous la nommerons centrale. Et demeurons ici bien convaincus de ce

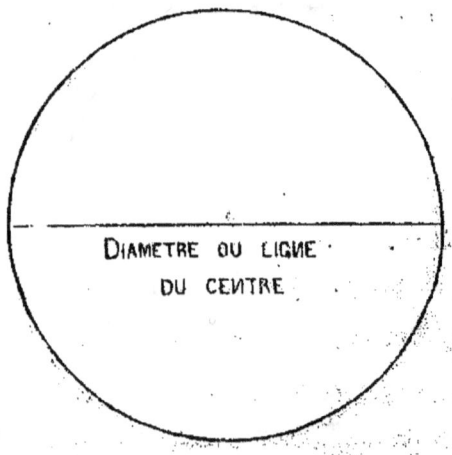

que disent les mathématiciens, qu'aucune ligne coupant cette zone ne peut déterminer des angles égaux avec la circonférence, si ce n'est celle qui passe par le centre.

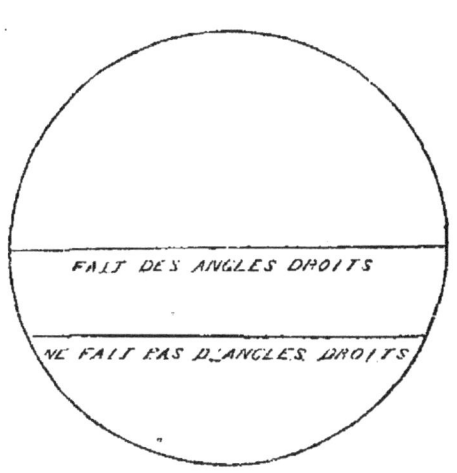

Mais revenons aux superficies. D'après ce que j'ai dit ci-dessus, on peut facilement comprendre qu'en changeant le trait d'un contour, la superficie perd son premier aspect ainsi que son ancienne dénomination, et que, si, par hasard, elle était un triangle, elle pourrait devenir quadrangulaire ou polygonale. On dira qu'un contour est changé toutes les fois que les lignes ou les angles qui le déterminent seront multipliés, diminués, allongés, rendus plus obtus ou plus aigus. Cela nous avertit de dire quelque chose des angles.

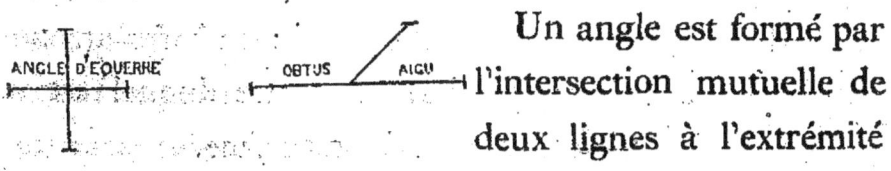

Un angle est formé par l'intersection mutuelle de deux lignes à l'extrémité d'une superficie. Il y a trois sortes d'angles : l'angle droit, l'angle obtus et l'angle aigu. L'angle droit est un des quatre angles formés par l'intersection de deux lignes droites, de telle façon que l'un d'eux soit égal à chacun des trois autres ; d'où l'on dit que tous les angles droits sont égaux entre eux. L'angle obtus est celui qui est plus grand que le droit ; l'angle aigu est celui qui est moindre. Revenons aux superficies.

Nous avons appris comment, par le contour, la qua-

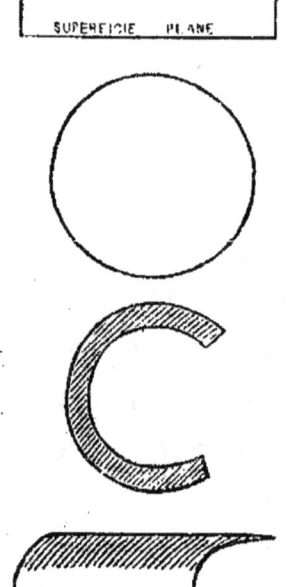

lité d'une superficie lui est inhérente. Il reste à parler d'une autre qualité des superficies qui est, pour ainsi dire, comme une peau tendue sur elles. Cette qualité se subdivise en trois autres. L'une est uniforme et plane, l'autre est gonflée ou sphérique, la troisième est convexe ou concave. On peut y joindre une quatrième sorte de superficie composée des précédentes réunies. Nous y reviendrons. Occupons-nous des premières.

Une superficie plane est celle dont toutes les parties toucheront exactement une règle superposée. La surface d'une eau pure et dormante lui sera très-semblable. La superficie sphérique affecte les contours d'une sphère. On définit celle-ci : un corps arrondi, courbe en toutes ses parties, au centre duquel est un point équidistant de tous ceux de sa surface.

La superficie concave est celle qui a sa surface sur le

côté intérieur, pour ainsi dire, comme la peau interne de la sphère, de même qu'est le dedans des coquilles d'œufs.

Quant à la superficie composée, c'est celle qui possède une partie d'elle-même plane et l'autre ronde ou concave, ainsi que sont les surfaces internes des cannes ou les superficies externes des colonnes ou des pyramides.

Cependant, les qualités inhérentes aux circuits ou aux surfaces donnent, ainsi que nous l'avons dit, des noms aux superficies. Mais il y a deux sortes de qualités qui changent d'aspect sans altérer la superficie ; car elles semblent varier, aux yeux des spectateurs, selon les modifications du lieu ou de la lumière. Parlons du lieu d'abord, et puis après de la lumière.

Il faut premièrement considérer de quelle façon les modifications du site modifient les qualités inhérentes aux superficies. C'est ce dont on se rend compte par la vue même, attendu qu'il est de toute nécessité que l'éloignement ou le changement de situation fasse paraître les contours ou plus petits, ou plus grands, ou différents enfin de leur premier aspect . Les superficies elles-mêmes sont modifiées quant aux couleurs, qui semblent augmenter ou diminuer d'intensité. De tout cela notre jugement se rendra compte et nous en rechercherons la raison.

Commençons par cette opinion des philosophes qui disent que les superficies se perçoivent par l'intermédiaire de certains rayons, sorte de ministres de la vue, et que, pour cette raison, ils appellent visuels, attendu que par eux s'imprime dans le sens le simulacre des choses. En effet, ces rayons, tirés naturellement avec une subtilité admirable qui leur est propre, se réunissent très-rapidement, pénètrent l'air et les autres milieux diaphanes, pourvu qu'ils soient éclairés, jusqu'à ce qu'ils rencontrent un corps dense non complétement obscur, dans lequel, yenant à s'assembler en pointe, ils se ferment subitement. Mais ce ne fut pas une mince discussion entre les anciens, pour savoir si ces rayons émanaient des superficies ou de l'œil. Cette question, bien difficile à résoudre, ne nous est pas nécessaire; aussi la laisserons-nous de côté. Qu'il nous soit donc permis d'imaginer que ces rayons, comme des fils très-fins liés à un bout et réunis très-droits en un faisceau, pénètrent à la fois dans l'intérieur de l'œil, siége du sens de la vue, où ils forment à peu près un tronçon de rayons, et que, s'en échappant, tirés en longueur ainsi que des verges très-droites, ils vont se répandre sur la superficie qu'ils rencontrent.

Mais entre tous ces rayons il y a des différences que j'estime indispensable de connaître. Ils diffèrent, en effet, de puissance et d'office. Les uns, saisissant les contours

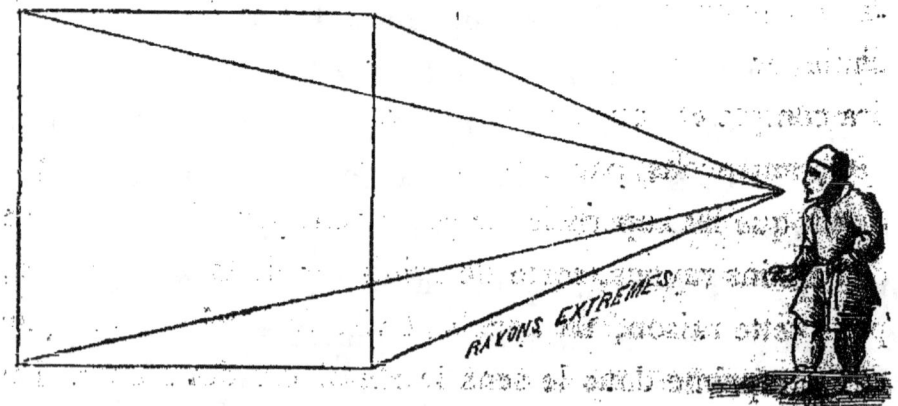

RAYONS EXTRÊMES

des superficies, en mesurent toutes les quantités ; je les nommerai *rayons extrêmes*, attendu qu'ils effleurent les parties extrêmes des superficies. Les autres, soit qu'ils s'échappent de la superficie, soit qu'ils y affluent, jouent encore leur rôle à l'intérieur de la pyramide visuelle dont nous aurons bientôt à parler en son lieu : car ils sont pénétrés par les couleurs et la lumière qui réfléchit la superficie même ; je les nommerai *rayons du milieu*. Parmi ces rayons, il en est un que je nommerai *rayon central*, à

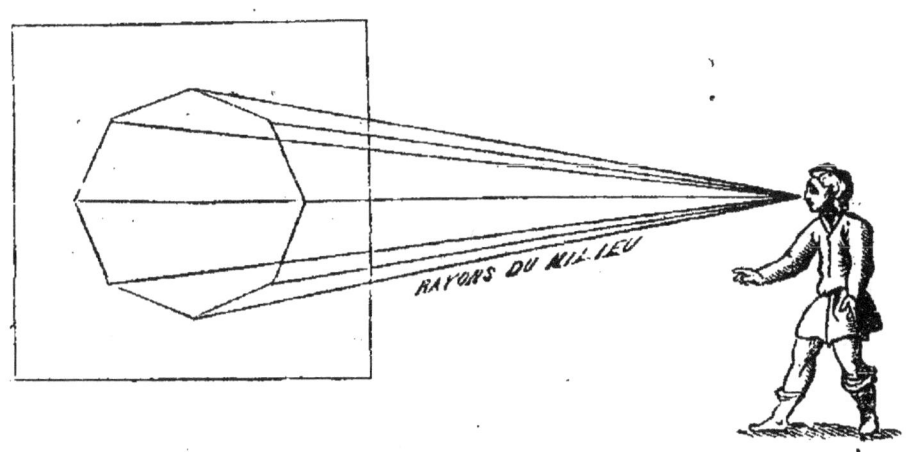

RAYONS DU MILIEU

cause de son analogie avec la ligne du centre dont j'ai parlé plus haut, attendu qu'il pose de telle façon sur la superficie, que partout autour de lui il détermine avec elle des angles droits. Voilà donc trois sortes de rayons : les rayons *extrêmes*, les rayons *du milieu* et le rayon *central*. Recherchons donc leurs rapports avec la vue. Parlons d'abord des extrêmes, puis ensuite de ceux du milieu et de celui du centre.

Les quantités sont déterminées par les rayons extrêmes.

14

On appelle *quantité* l'espace compris entre deux points séparés du contour ; espace qui traverse la superficie et

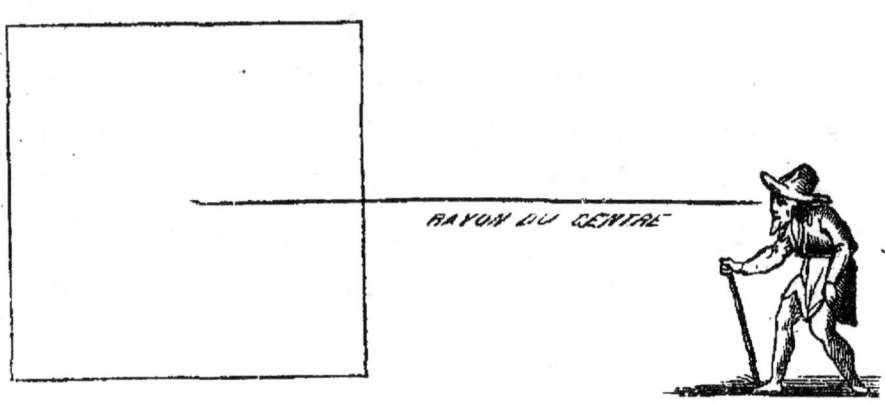

que l'œil perçoit, à l'aide de ces rayons extrêmes, comme avec l'instrument nommé compas. Il y a dans une superficie autant de quantités qu'il y a dans le contour de points séparés correspondants. C'est seulement à l'aide de ces rayons que nous reconnaissons, en les voyant, et la longueur qui gît entre l'élévation et l'abaissement, et la largeur entre la gauche et la droite, et l'épaisseur entre la partie la plus proche et celle qui est la plus éloignée, généralement enfin toute espèce de dimension. D'où l'on peut dire que la vision a lieu au moyen d'un triangle dont la base est la quantité vue, et dont les côtés sont ces mêmes rayons extrêmes qui partent des points de la quantité pour aboutir à l'œil. Or, c'est un fait certain que nulle quantité n'est visible si ce n'est à l'aide de ce triangle. Les côtés tombent manifestement sous la vue ; quant aux angles, il y en a deux qui posent sur les points extrêmes de la quantité. Le troisième et principal est celui qui, opposé à la base, pénètre dans l'œil. Ici, ce n'est pas le cas de disputer si cette vision se place, comme on le

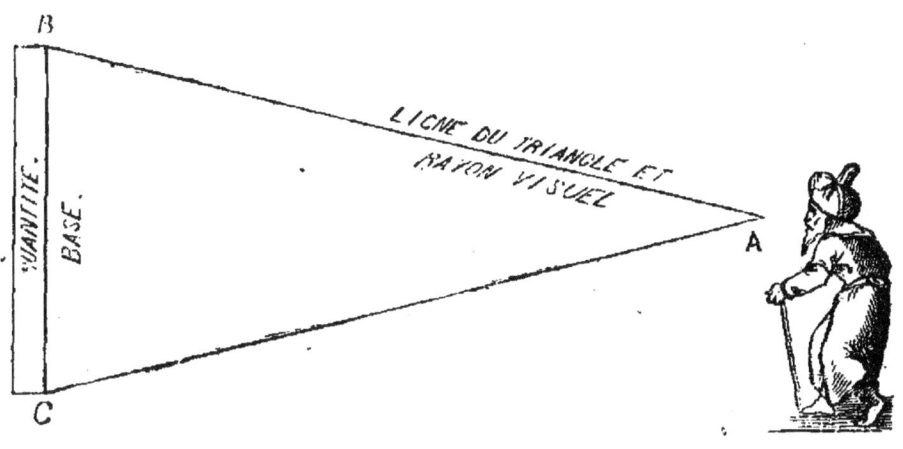

prétend, à la jonction même du nerf intérieur, ou bien si les images sont figurées sur la superficie de l'œil comme sur un miroir animé. Nous n'avons pas, d'ailleurs, à relater tous les offices que l'œil rend à la vue, attendu que, dans cet abrégé, il suffira de démontrer seulement l'indispensable. Donc, l'angle visuel principal reposant dans l'œil, on en a déduit cette règle : que plus cet angle est aigu, plus la quantité semble petite. D'où l'on peut voir manifestement la raison de ce phénomène qui fait que, vue d'une première distance, une quantité semble diminuer jusqu'à n'être plus qu'un point. Malgré cela, il arrive parfois que, dans certaines superficies, la quantité paraît d'autant moindre que l'œil s'en approche davantage, et d'autant plus grande qu'il s'en éloigne plus. C'est ce qu'on remarque dans la superficie sphérique. Ainsi donc, des quantités peuvent, selon la distance, paraître

quelquefois plus grandes ou plus petites au spectateur.
Qui connaîtra bien la raison de ce phénomène ne doutera
pas que, par le changement de l'intervalle, les rayons du
milieu ne se transforment en rayons extrêmes, et ceux-ci,
au contraire, en rayons du milieu. Il comprendra que,
quand les rayons du milieu seront devenus extrêmes, les
quantités paraîtront immédiatement moindres; mais
qu'au contraire, quand les rayons extrêmes aboutiront
au dedans du contour, plus ils s'en éloigneront, plus la
quantité en semblera augmentée. Aussi ai-je coutume de
démontrer à mes familiers que plus notre vue embrasse
de rayons, plus nous devons estimer que la quantité
perçue est grande, et que moins notre vue en embrasse,
plus la quantité est petite.

Au surplus, ces rayons extrêmes, comprenant le contour entier, enferment toute la superficie comme dans
une cavité. D'où l'on prétend que la vision est obtenue au
moyen d'une pyramide de rayons. Il importe de déclarer
ce que c'est qu'une pyramide. Une pyramide est une figure
de corps oblong dont toutes les lignes, tirées de la base en
haut, se terminent en une pointe unique. La base de la pyramide est la partie que perçoit la vue; ses côtés sont ces
rayons visuels que nous avons nommés extrêmes. Quant
à la pointe, elle s'arrête dans l'œil au point même où les
angles des quantités se réunissent. Voilà ce qui concerne
les rayons extrêmes formant la pyramide. On peut en
conclure avec raison qu'il importe excessivement de connaître quel intervalle il y a entre l'œil et la superficie.

Maintenant il s'agit de traiter des rayons du milieu. On nomme ainsi cette multitude de rayons entourés par les rayons extrêmes et qui remplissent la pyramide. Il en est d'eux comme de ce qu'on raconte du caméléon et de quelques animaux sauvages, qui, sous l'empire de la crainte et pour ne pas être tués par les chasseurs, prennent les couleurs des objets qui les environnent. Ainsi de ces rayons. En effet, dans tout leur trajet, depuis leur contact avec la superficie jusqu'au sommet de la pyramide, ils sont tellement pénétrés par la variété des couleurs et des lumières, qu'en quelque lieu qu'on vienne à les rompre, ils répandent la même couleur et la même lumière que celles dont ils sont imprégnés. Quant à ces rayons, on doit savoir que, par une plus grande distance, ils viennent à pâlir et que leur extrémité est moins vive. On en a trouvé la raison. Effectivement, ces rayons et les autres rayons venant, tout chargés de lumière et de couleurs, à traverser l'air, qui possède une certaine densité, il advient que, par la pesanseur de cet air, ces mêmes rayons semblent n'arriver qu'épuisés au but de leur parcours. Aussi dit-on avec justesse que la superficie paraît d'autant plus confuse et obscure que la distance est plus grande. Mais arrivons au rayon central.

Nous nommons rayon central celui qui coupe la quantité de telle sorte que, quels que soient les angles qu'il forme avec elle, ils soient égaux aux angles correspondants. Aussi, pour ce qui est de ce rayon, on peut dire qu'il est, entre tous, le plus marquant et le plus vif. Et l'on ne peut nier qu'aucune quantité n'apparaîtra jamais plus grande à la vue que quand ce rayon central y abou-

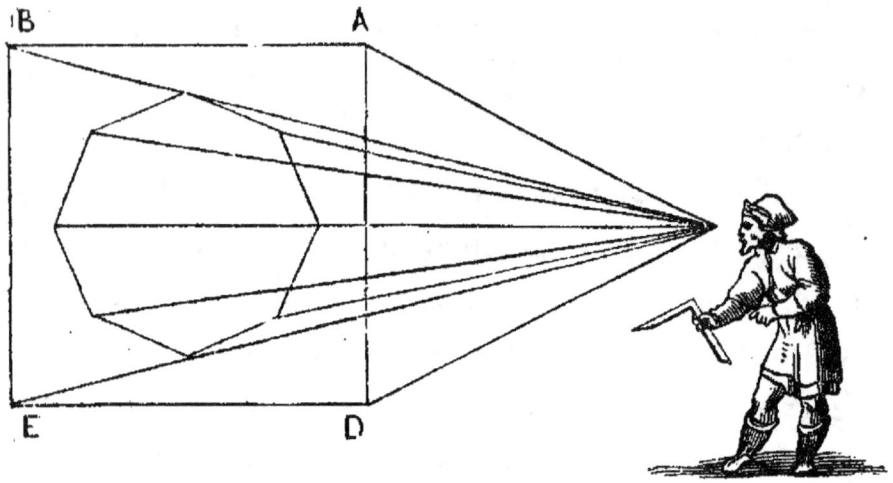

tira. On pourrait en dire beaucoup sur la puissance et l'office de ce rayon; mais il faut surtout considérer qu'il semble, par une entente commune des autres rayons, avoir été placé au milieu d'eux pour en paraître le chef et le modérateur. Il y a bien des choses que nous passons, attendu qu'elles seraient plutôt l'occasion d'une ostentation d'esprit qu'utiles à nos recherches, et nous en pourrions dire sur les rayons davantage et plus opportunément quand il y aura lieu, C'est donc le cas de répéter ici ce que nous avons, ce semble, déjà très-suffisamment démontré, vu la brièveté de nos commentaires, que, si l'on modifie la distance et la position du rayon central, la superficie en sera subitement altérée, c'est-à-dire qu'elle paraîtra plus grande ou plus petite, ou modifiée, enfin, selon le rapport qui existera entre les lignes et les angles. Ainsi

onc la position du rayon central et la distance concou-
ent singulièrement à la certitude de la vue.

Il y a encore un troisième fait qui amène une défor-
nation et une modification des superficies aux yeux des
pectateurs. Je veux parler de la réception des lumières.
Ainsi, on peut voir qu'une superficie sphérique ou con-
ave apparaîtra, avec une seule lumière toutefois, plus
bscure dans une partie et plus claire dans l'autre.
t à une distance égale, en maintenant une même posi-
ion du rayon central, tu verras, soumettant cette super-

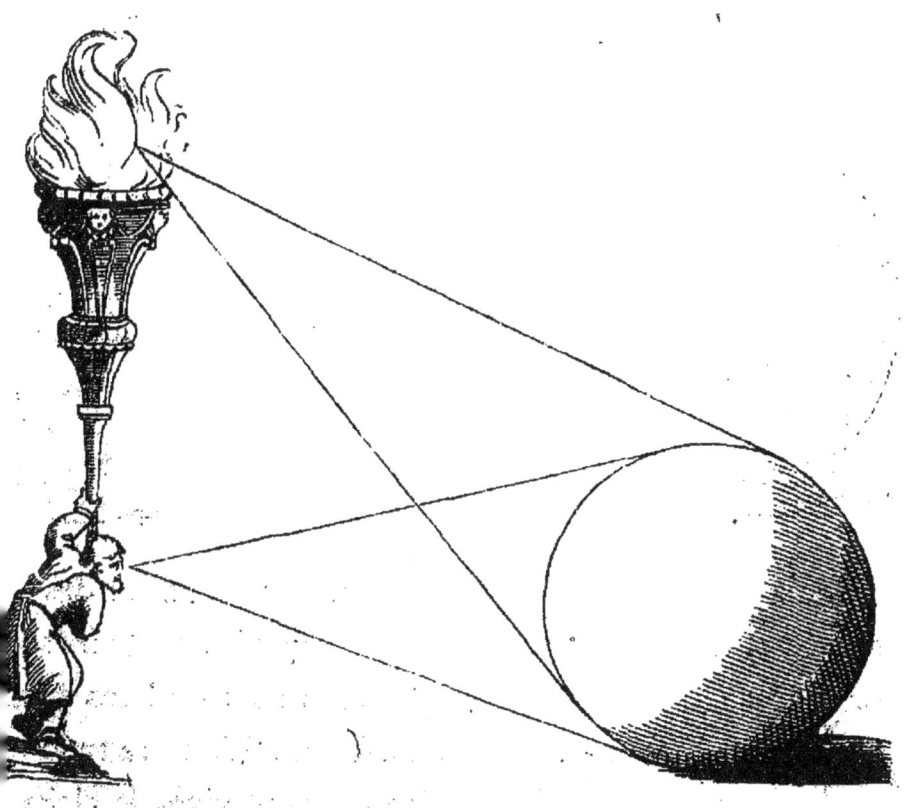

icie à un mode d'éclairage différent du premier, la partie
clairée devenir obscure, et les parties d'abord ombrées

devenir claires. En outre, s'il y a plusieurs foyers de lumières, les superficies apparaîtront claires et obscures en
plusieurs endroits, selon la quantité et la force des lumières. L'expérience le démontre.

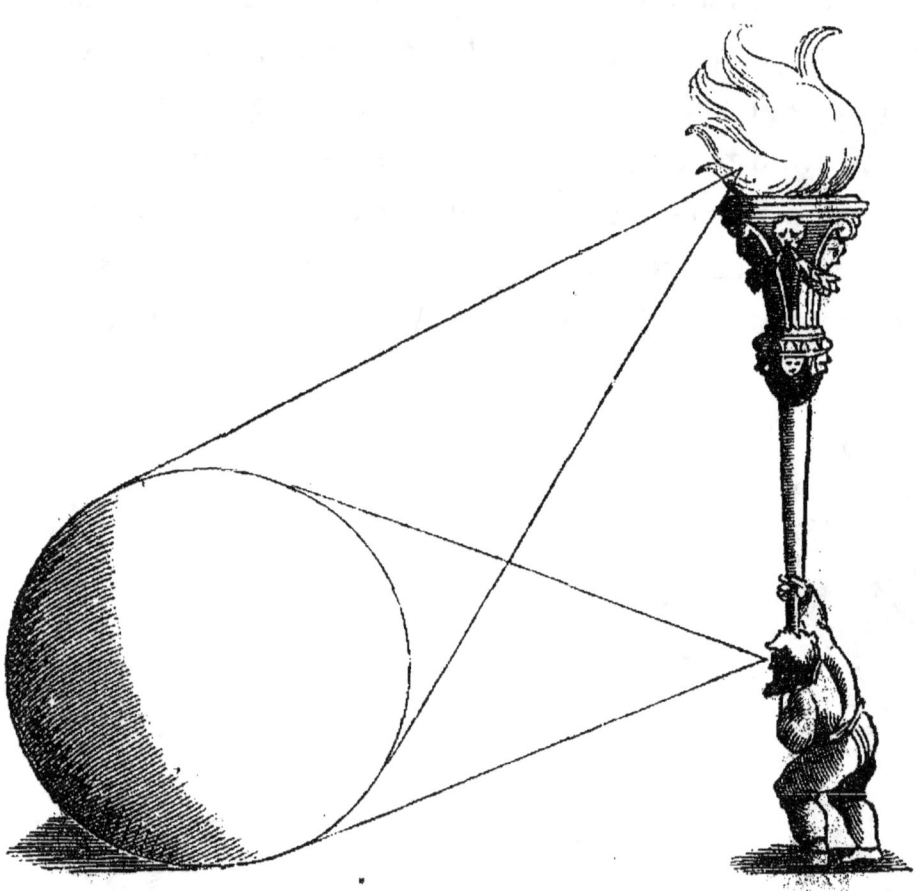

Mais cela nous avertit qu'il y a lieu de parler des lumières et des couleurs. Il est évident que les couleurs sont
modifiées par les lumières, et qu'elles sont ou dans l'ombre, ou exposées aux rayons lumineux. L'ombre rend les
couleurs sombres, et la lumière les rend vives et claires.
Les philosophes affirment qu'on ne saurait voir que ce
qui est revêtu de lumière et de couleur. C'est pourquoi

il existe entre ces deux effets une très-grande parenté, à ce point que, si on enlève la lumière, les couleurs vont peu à peu s'obscurcissant, et qu'au contraire, si on la rétablit, elles reprennent aussitôt leur éclat. Puisqu'il en est ainsi, occupons-nous d'abord des couleurs; nous verrons après comment elles se modifient par les lumières. Laissons de côté les débats des philosophes sur la première origine des couleurs. Qu'importe au peintre de savoir si elles sont engendrées du mélange du rare avec l'épais, ou du chaud et du sec avec le froid et l'humide? Ce n'est pas, d'ailleurs, que je mésestime cette opinion philosophique qui veut que les couleurs soient au nombre de sept, le blanc et le noir formant les deux extrêmes, puis une intermédiaire entre laquelle et ces premières on en place deux autres qui, participant chacune plus que l'autre de sa proche voisine, rendent incertaine la place qu'elles doivent occuper. Il suffit pour le peintre de bien savoir quelles sont les couleurs et l'usage qu'il faut en faire en peinture.

Je ne voudrais pas être repris par les gens instruits qui suivent l'opinion des philosophes, affirmant que, dans la nature, il n'y a que deux véritables couleurs, le blanc et le noir, et que toutes les autres naissent de leur mélange. Quant à moi, je sens, comme peintre, que, du mélange des couleurs, on en peut faire d'autres à l'infini. Mais, pour le peintre, il y a quatre sortes de couleurs, nombre les éléments, et dont peuvent naître des variétés considérables. En effet, il y a la couleur du Feu, pour ainsi dire, et qu'on nomme rouge ; il y a celle du Ciel, qui s'appelle céleste ou bleue ; la couleur de l'Eau, qui est le vert ; la couleur de la Terre, ou couleur cendrée. Quant aux autres couleurs, elles résultent du mélange, ainsi que font les jaspes et les porphyres. Ces quatre genres de couleurs forment, par leur mélange avec le blanc et le noir, des variétés innombrables. Car nous voyons les feuillages verts perdre peu à peu leur verdure jusqu'à devenir blancs ; nous voyons également l'air, teint de vapeurs blanches, retourner progressivement à sa première nuance. C'est ce que nous remarquons dans les roses, dont les unes ont le ton de la pourpre ardente, et d'autres celui de la joue des vierges ou la blancheur de l'ivoire. La couleur de terre forme également, par l'adjonction du noir ou du blanc, des tons qui lui sont propres. Ainsi donc, le mélange avec le blanc ne change pas le genre des couleurs, mais il crée des espèces. La couleur noire a cette même puissance ; car le noir, par ses mélanges, engendre des tons divers. En effet, on s'aperçoit bien que la couleur est, dans son premier état, modifiée par l'ombre, puisque, si celle-ci vient à augmenter, la clarté et la pureté de la couleur diminuent ; si, au contraire, la lumière apparaît, les tons s'éclaircissent et s'avivent. Donc, le peintre se pourra convaincre que réellement le blanc et le noir ne sont, pour ainsi dire, que des modifications des colorations , attendu que le peintre n'a rien pu trouver que le blanc pour exprimer le dernier éclat de la lumière, ni rien avec quoi il pût davantage rendre l'extrême obscurité que le noir. Joins-y qu'en aucun lieu tu ne trouveras le blanc ou le noir sans qu'il incline vers quelque genre de coloration.

Traitons maintenant de la puissance des lumières, entre lesquelles il faut distinguer celle des astres, comme du soleil, de la lune, de l'étoile Lucifer, et celle des lampes et du feu. Elles ont entre elles de notables différences. En effet, les lumières astrales occasionnent des ombres égales aux corps, tandis que le feu les projette plus grandes que ceux-ci. L'ombre est formée par l'interception des rayons lumineux. Les rayons interceptés sont, ou fléchis en quelque autre part, ou repliés sur eux-mêmes. Ils sont fléchis, ainsi que les rayons du soleil qui, tombant sur la surface de l'eau, s'en viennent frapper ensuite des parois. Toute réflexion de rayon forme, comme le prouvent les mathématiciens, des angles égaux entre eux. Mais cela regarde une autre partie de la peinture. Les rayons réfléchis s'imbibent de la coloration qu'ils empruntent à la partie causant leur réflexion. C'est ce que nous pouvons voir lorsque la figure des personnes qui se promènent dans un pré reflète du vert.

J'ai traité des superficies; j'ai dit comment, par la vision, une pyramide est composée de triangles; nous avons trouvé combien il est nécessaire que la distance, la position du rayon central et la réception de la lumière soient déterminées et certaines. Mais puisque, d'un seul regard, nous embrassons, non-seulement une superficie unique, mais encore plusieurs à la fois, et puisqu'il a été traité,

tout au long de chaque superficie particulière, il nous
reste maintenant à rechercher comment plusieurs superficies réunies se présentent à la vue.

Chaque superficie jouit, comme nous l'avons enseigné,
de la propriété d'être remplie de ses couleurs et de ses lumières, dans sa propre pyramide. Or, les corps sont en-
veloppés par les superficies, et toutes les quantités des
corps que nous pouvons apercevoir, ainsi que toutes les
superficies, forment une pyramide unique remplie d'autant de pyramides moindres qu'il y a de superficies comprises par le rayon visuel. Cela étant ainsi, on pourrait
dire : Le peintre a-t-il donc besoin de tant de considérations pour peindre ? Mais il s'agit de bien comprendre
qu'on ne saurait devenir un excellent maître qu'en con-
naissant parfaitement la différence existant entre les superficies et en remarquant bien leurs positions, chose
connue seulement d'un très-petit nombre. Or, si on demande aux premiers, en général, d'expliquer l'avantage
qu'ils trouvent à peindre telle ou telle superficie, il leur
sera plus aisé de donner n'importe quelle réponse qu'une
bonne raison. C'est pourquoi je supplie les peintres studieux de vouloir bien nous écouter. En effet, ils trouve-
ront leur compte en apprenant ces choses, et cela ne
saurait nuire à quelque maître que ce soit. Qu'ils apprennent donc, alors qu'ils circonscrivent par des lignes une
superficie et qu'ils couvrent de couleurs les endroits déterminés, qu'il n'y a rien de plus curieux à rechercher
que le cas où plusieurs formes de superficies se pré-

sentent en une seule. Cela, absolument comme si cette superficie, qu'ils emplissent de couleur, était en verre ou en toute autre substance transparente, de façon que la pyramide visuelle la traversât entièrement, pour percevoir les véritables corps, à un intervalle déterminé et constant, ainsi qu'avec une position fixe des rayons établis dans l'espace à une certaine distance des objets. Cela exactement comme les peintres en donnent une idée lorsqu'ils s'éloignent de ce qu'ils représentent pour le considérer de plus loin, et que, guidés par la nature, ils s'en vont chercher ainsi la pointe même de la pyramide, s'apercevant qu'alors ils s'entendent mieux à discerner et à mesurer toute chose.

Mais, comme la superficie, soit d'un panneau, soit d'un mur sur lequel le peintre s'efforce de peindre plusieurs superficies, est toujours unique, il sera nécessaire de couper en quelque partie cette pyramide visuelle, afin qu'à cet endroit le peintre puisse exprimer à l'aide des lignes et de la peinture les contours et les couleurs que donnera cette coupe. Ainsi, ceux qui regardent une superficie peinte aperçoivent une certaine coupe de la pyramide. Donc, la peinture est une intersection de la pyramide visuelle, selon une distance déterminée, une direction certaine du rayon central, une position fixe des lumières, intersection exprimée par des lignes et des couleurs sur une superficie à ce préposée. C'est pourquoi, de ce que nous avons dit que la peinture est une coupe de la pyramide, nous faut-il enquérir de tout ce qui nous fera connaître les

parties de cette intersection. Nous devons donc nous entretenir encore des superficies d'où partent, ainsi que nous l'a-
vons démontré, les pyramides qu'il faut couper pour con-
stituer la peinture. Parmi les superficies, quelques-unes
sont couchées à terre, comme les pavages et les aires des
édifices, ainsi que les superficies *distantes également* (1)
des pavages. D'autres sont debout, comme les parois des
murailles et toutes les surfaces possédant la même direction de lignes que les murs. On dit que des superficies
sont également distantes quand l'espace qui les sépare est
en tous points et partout le même. Les superficies qui
ont une même direction linéaire seraient touchées par une
seule ligne droite continuée, telles que sont celles des colonnes carrées mises à la file dans une tribune. Voilà ce
qu'il faut ajouter à ce dont nous avons parlé plus haut
touchant les superficies. Mais, à tout ce que nous avons
également dit des rayons, tant des extrêmes que des internes et du central, ainsi que de la pyramide visuelle, il
importe que nous ajoutions cette sentence des mathématiciens qui dit que si une ligne droite coupe les deux côtés
d'un triangle, étant tracée à égale distance de tous les
points de la ligne qui forme la base de ce triangle, elle en
formera un moindre qui sera proportionnel au premier.
C'est ce qu'affirment les mathématiciens. Quant à nous,
pour que notre parler semble plus clair aux peintres,
nous nous étendrons un peu sur ce fait. Il faut savoir

(1) Parallèles.

tout d'abord ce que nous nommons proportionnel. Nous disons que des triangles sont proportionnels lorsque leurs côtés et leurs angles conservent entre eux la même convenance, tellement que, si un des côtés du triangle était de deux fois et demie plus grand que sa base, et son autre côté de trois fois, *tous les triangles ainsi construits avec un même rapport des côtés à la base,* qu'ils fussent plus grands ou plus petits, seraient entre eux proportionnels. Attendu que, quel que soit le rapport de la partie avec la partie dans un plus grand triangle, ce même rapport existe dans un moindre. Nous appellerons donc proportionnels tous les triangles construits dans les mêmes conditions, et pour nous faire mieux comprendre, nous en donnerons un exemple. Supposons un petit homme proportionnel à un grand par rapport à la coudée : la même proportion subsistera avec la palme ou avec le pied, quand même cet homme grand serait Évandre ou encore Hercule, que Gelle (1) nous dépeint comme bien plus grand que tous les humains. Or, entre les membres d'Hercule, entre ceux même du géant Antée, il ne saurait exister d'autres proportions ; car, chez chacun d'eux, la main correspond à la coudée, et la même correspondance doit avoir lieu pour la tête ainsi que pour les autres membres. Il en est de même de nos triangles, entre lesquels, abstraction faite de la mesure, il existe un rapport du plus petit au plus grand.

(1) Voyez les *Nuits attiques* d'Aulu-Gelle : *De la mesure de la taille d'Hercule.*

Si tu as compris cela comme il faut, nous émettrons
cette opinion des mathématiciens parfaitement à notre
convenance, que, dans un triangle, toute section, faite à
égale distance des points de la base, engendre un autre
triangle qu'ils disent semblable au plus grand et que
nous nommerons proportionnel. Car, toutes choses qui
sont entre elles proportionnelles ont des parties correspondantes, et toutes celles dont les parties ne sont pas
correspondantes ne sont pas non plus proportionnelles.
Dans les parties d'un triangle visuel, outre les lignes, on
comprend encore les rayons. Ceux qui, dans une peinture, seront déterminés par la vue de quantités proportionnelles, seront égaux quant au nombre, et une de ces
quantités différentes contiendra plus ou moins de rayons.
Tu sais maintenant comme quoi un triangle peut être dit
proportionnel à un moindre ou à un plus grand, et tu te
souviens que la pyramide visuelle est formée de triangles.
Rapportons donc à la pyramide tout ce que nous avons
dit sur les triangles, et persuadons-nous que, de la superficie qu'on aperçoit, nulle quantité parallèle à la section ne saurait, en peinture, subir dans la forme aucune
altération. En effet, il s'agit là de quantités également
distantes, proportionnelles à toutes sections également
distantes aussi de celles qui leur correspondent. Il résulte
de cela que les quantités qui remplissent une surface et
qui déterminent le contour n'étant pas altérées, les contours ne subiront aucune altération. En outre, il est évident que toute section de la pyramide visuelle, également

distante de tous les points de la superficie perçue, lui sera proportionnelle.

Nous avons parlé des superficies proportionnelles à la section, c'est-à-dire de celles qui sont également distantes de tous les points de la superficie peinte ; mais, comme nous aurons à représenter plusieurs surfaces qui ne seront pas dans cette dernière condition, il convient que nous fassions une recherche diligente de ce cas, afin d'élucider tout ce qui a rapport aux sections. Or, comme ce serait chose longue, difficile et obscure que de rendre raison de ces sections des triangles et de la pyramide par la méthode des mathématiciens, nous procéderons, suivant notre coutume, en nous exprimant en peintre. Disons d'abord quelques mots des quantités qui ne sont pas dans des plans parallèles, et, cela bien compris, nous saurons aisément tout ce qui se rapporte aux superficies dans cette condition.

Parmi les quantités dont les plans ne sont pas également distants, il y en a qui ont la même direction que les rayons visuels, d'autres qui sont également distants des points de quelques-uns des rayons visuels. Les quantités qui sont dans la même direction linéaire que les rayons visuels ne forment aucun triangle, n'occupent aucun nombre de rayons et ne tiennent aucune place dans la section. Nous avons dit que la superficie était composée de quantités, et comme il n'est pas rare que, dans les superficies, il se trouve une quantité dont le plan soit également distant de celui de la section, tandis que les autres

quantités de la même superficie sont dans un cas différent,
il s'ensuit que les seules quantités parallèles à la section ne subissent en peinture aucune altération, tandis
qu'au contraire les quantités qui ne sont pas situées ainsi
par rapport à la section de la pyramide visuelle sont d'autant plus altérées que l'angle majeur de la base du
triangle sera chez elles plus obtus.

A tout cela il est bon d'ajouter cette opinion des philosophes qui affirme que, si le ciel, les étoiles, les mers,
les montagnes, les animaux eux-mêmes, et tous les corps
se trouvaient réduits de moitié par la volonté divine, il
arriverait que toutes ces choses ne nous sembleraient pas
différer de ce qu'elles nous paraissent être présentement.
Car, le grand, le petit, le long, le bref, l'étroit, le large,
l'obscur, et tout ce qui peut être dans les objets ou n'y
être pas, reçoivent des philosophes le nom d'accidents, et
ces accidents sont de telle sorte que leur pleine connaissance ne peut se faire entièrement que par la comparaison. Énée, au dire de Virgile, dépassait des épaules tous
les autres hommes, mais, comparé à Polyphême, il eût
semblé un pygmée. On rapporte qu'Euryale fut très-
beau, mais, auprès de Ganymède ravi par Zeus, sans
doute il eût été laid. Chez les Espagnols, certaines jeunes
filles passent pour blanches qui, chez les Germains, paraî-
traient d'une couleur brune. L'ivoire et l'argent sont
blancs, et pourtant, auprès des cygnes ou des linceuls de
neige, ils semblent foncés. C'est pourquoi, en peinture,
les superficies nous paraîtront très-pures et très-éclatantes

quand il y aura en elles cette proportion du blanc au noir qui, dans les corps, existe quant à la lumière et l'ombre.

Tout cela s'apprend par des comparaisons. Effectivement, il y a, dans l'art de comparer, une certaine puissance qui nous rend intelligible le plus, ou le moins, ou l'égal. Aussi appelons-nous grand ce qui est au-dessus du petit et très-grand ce qui est au-dessus du grand. De même, nous qualifions de lumineux ce qui est plus clair que l'obscur, et de très-lumineux ce qui est au-dessus du clair. Quant à la comparaison, elle s'effectue avec les objets les plus connus. Or, l'homme est au monde ce que l'homme connaît le mieux. C'est pourquoi, sans doute, Protagoras a dit qu'il était le modèle et la mesure de tout, entendant par là que les *accidents* des choses universelles se pouvaient comprendre par ceux de l'homme et leur être comparés. Cela nous enseigne que, quelque sorte de corps que nous venions à peindre, ils nous sembleront grands ou petits, selon la mesure des hommes que nous y aurons placés. De tous les anciens, celui qui me paraît avoir le mieux atteint la force d'une belle comparaison, c'est le peintre Timanthe, qui, dit-on, peignant sur un petit panneau un cyclope endormi, plaça près de lui des satyres tenant son pouce embrassé, afin que la mesure de ces satyres fît paraître le dormeur d'une dimension colossale.

Jusqu'à présent nous avons dit, à peu près, tout ce qui a rapport à la puissance visuelle, ainsi qu'à la connais-

sance de l'intersection ; mais il nous importe de savoir
non-seulement ce qu'est cette intersection et comment on
l'obtient, mais encore par quel art on l'exprime en peinture. Laissant de côté tout le reste, je dirai ici ce que je
fais quand je peins. Mon premier acte, quand je veux
peindre une superficie, est de tracer un rectangle, de la
grandeur qui me convient, en guise de fenêtre ouverte par
où je puisse voir le sujet. Là, je détermine la hauteur des

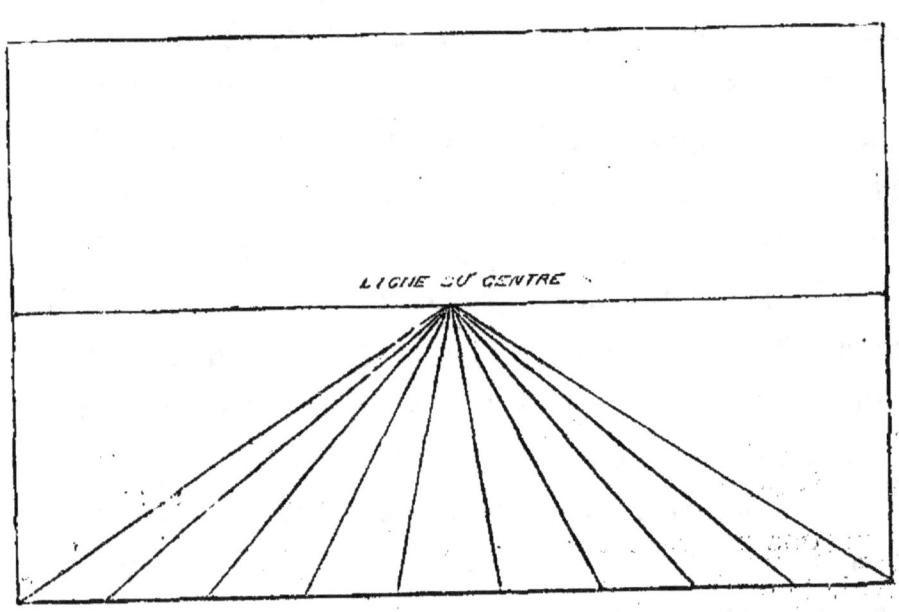

LIGNE DU CENTRE

hommes que j'entends représenter. Je divise cette hauteur
en trois parties qui seront proportionnelles à la mesure
que le vulgaire désigne sous le nom de *brasse*. Car on
voit, par les proportions des membres de l'homme, que la
longueur du corps humain est généralement de trois
brasses. Je divise la ligne inférieure du rectangle en au-

tant de parties que cette mesure y est contenue de fois. La base du rectangle sera proportionnelle à la ligne transversale la plus rapprochée tracée sur le sol à égale distance de tous les points de la première. Je pose ensuite un point unique, dans l'aire du rectangle, à l'endroit où se porte la vue et où doit aboutir le rayon central. Aussi le nommé-je *point de centre*.

Il convient que la position de ce point ne soit pas au-dessus de la ligne de base, à une hauteur supérieure à celle de l'homme qu'on veut peindre. Les spectateurs et les objets sembleront, de cette façon, avoir été peints sur un même sol. Le point de centre une fois placé, je mène des lignes droites de ce point à toutes les divisions de la ligne de base. Ces lignes me montrent de quelle manière les quantités transversales successives semblent se rétrécir à la vue, par la distance, jusqu'à l'infini. Il en est qui traceraient à travers le rectangle une ligne dont tous les points seraient également distants de ceux de la ligne de base, puis ils diviseraient en trois parties, dans le sens des lignes, l'espace compris entre l'une et l'autre. Enfin, suivant leur méthode, ils traceraient une nouvelle ligne dont les points seraient également distants de ceux de la seconde, à une distance telle, que l'espace compris entre la ligne de la base et cette seconde dépassât d'une de ses parties l'espace compris entre la seconde et la troisième ligne, et ainsi de suite jusqu'à ce que les dernières lignes se confondissent en une seule. Cela, en observant que chaque espace compris entre les lignes fût, comme di-

sent les mathématiciens, en dégradation par rapport à
celui qui le précède. Pour moi, j'estime que ceux qui
pensent suivre ainsi, en peinture, une bonne voie, se
trompent sensiblement, attendu qu'ayant placé au hasard
la première ligne au-dessus de celle de la base, quand
même les autres lignes seraient dans un ordre logique
et régulier, il ne s'ensuivrait pas, pour cela, qu'on obtînt
l'endroit juste et précis où doit aboutir la pointe de la
pyramide ni un point de vue exact. Ajoutez que cette
méthode serait on ne peut plus fausse chaque fois que le
point de centre serait placé au-dessus ou au-dessous de
la stature du personnage. D'ailleurs, tous ceux qui savent
quelque peu diront bien que nulle chose ne pourrait être
vue si elle n'était placée à une distance déterminée par une
certaine règle. Nous en expliquerons la raison, si jamais
nous mettons par écrit ces démonstrations peintes, qu'alors
que nous les faisions, nos amis émerveillés proclamaient
les miracles de la peinture. C'est surtout à quoi se rapporte
ce que je viens de dire. Revenons donc là-dessus. J'ai
trouvé, d'ailleurs, à cet égard, un excellent moyen. Dans
tous les cas, je poursuis cette même division et du point
central et de la ligne de base, par les lignes conduites de ce
point sur les divisions de cette dernière.

Quant aux quantités transversales, voici comment je
procède : j'ai une aire où je trace une ligne droite que je
divise en mêmes parties que l'est déjà la ligne de base du
rectangle ; puis je pose sur cette ligne un point unique
aussi élevé que le point de centre l'est lui-même au-dessus

de la ligne, divisée base du rectangle; et, de ce premier point, je mène une ligne à chaque division de la base. Je décide alors la distance que je veux qui soit entre l'œil du spectateur et la peinture. Là, ayant établi l'endroit de l'intersection par une ligne perpendiculaire, comme disent les mathématiciens, je forme intersection avec toutes les lignes qu'elle rencontre.

Une ligne perpendiculaire est celle qui, coupant une autre ligne droite, ne forme partout autour d'elle que des angles droits. En effet, cette ligne perpendiculaire, par les intersections qu'elle détermine, me donnera les limites de toute la distance qui doit exister entre les lignes transversales du sol parallèles entre elles. J'aurai donc dessiné ainsi sur le sol toutes les parallèles, et j'aurai la preuve qu'elles seront faites régulièrement, si une ligne continuée, tracée sur ce sol, sert de diamètre aux rectangles juxtaposés. Les mathématiciens nomment diamètre d'un rectangle cette ligne droite qui, allant d'un angle à celui qui lui est opposé, divise le rectangle en deux parties, de façon à en faire deux triangles.

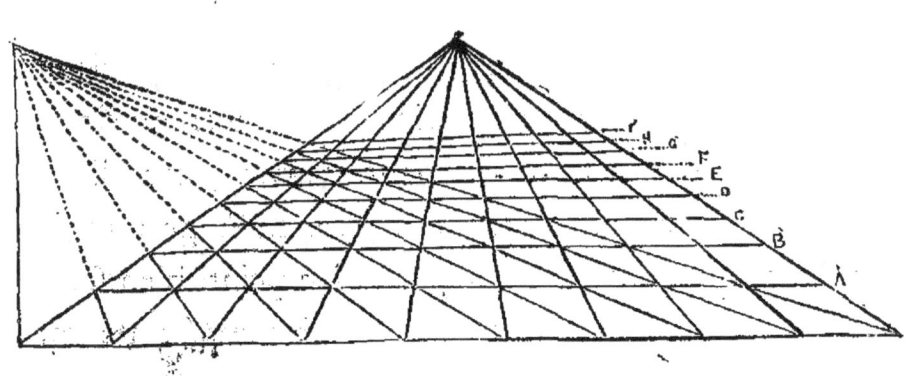

Après avoir opéré avec soin, comme il est dit ci-dessus, je trace une nouvelle ligne transversale dont les points soient à égale distance de ceux des lignes inférieures et qui coupe les deux côtés debout du grand rectangle, en passant par le centre. Cette ligne me sert de limite et de borne pour toute quantité qui n'excède pas la hauteur de l'œil du spectateur. On la nomme ligne centrique parce qu'elle passe par le point de centre. Il en résultera que les hommes qui seront peints entre les dernières parallèles se représenteront beaucoup plus petits que ceux qu'on tracera posés entre les parallèles précédentes : non pas que ceux-là soient d'une stature moindre que ces derniers, mais parce qu'étant plus loin, ils sembleront plus petits ; phénomène que la nature nous démontre avec évidence, car, dans une église, ne voyons-nous pas toutes les têtes des assistants à une même hauteur à peu près, tandis que les pieds des plus éloignés semblent arriver aux genoux des plus rapprochés?

Ce procédé pour diviser le sol a particulièrement rapport à ce qu'en son lieu et place nous nommerons la composition. Il est tel, que je crains qu'il ne soit pas bien compris du lecteur, tant à cause de sa nouveauté qu'à cause de la brièveté de ces commentaires. C'est là une méthode qui ne fut pas connue de nos prédécesseurs, ainsi que nous le constatons par la lecture de leurs œuvres, car elle est difficile et abstraite. Aussi, trouveras-tu à grand'peine un sujet qu'ils aient bien composé, bien peint, bien formé ou bien sculpté. Voilà pourquoi j'ai développé cette méthode en quelques mots et assez clairement. Mais je sais ce qu'est un pareil enseignement; je reconnais qu'il ne saurait me valoir aucun triomphe d'éloquence, et que ceux qui ne me comprendront pas à première vue auront grand'-peine à pouvoir y parvenir. Ces doctrines paraîtront belles et faciles aux esprits très-déliés et qui ont une *inclination* prononcée pour la peinture, de quelque manière qu'on les exprime; mais, quant aux hommes épais, sans aptitude naturelle pour ces très-nobles arts, cela leur semblera une matière fort ingrate, quand même les gens les plus diserts la traiteraient. Peut-être que ce que nous venons de déduire si brièvement, sans aucune recherche de style, ne sera pas lu sans un peu d'ennui; mais qu'on veuille bien m'excuser si, dans mon grand désir d'être compris, j'ai tenu à ce que mon discours fût clair plutôt qu'orné et soigné. Quant à ce qui va suivre, j'espère que cela paraîtra moins aride au lecteur.

Ainsi, nous avons traité des triangles de la pyramide, de la coupe et de ce qu'il nous a semblé bon et utile de dire; néanmoins, j'avais coutume, dans mes entretiens avec mes amis, de m'étendre davantage sur ces matières et de leur en donner la raison par une certaine démonstration géométrique que j'ai laissée de côté dans mes commentaires afin d'être bref. Ici j'ai résumé seulement les premiers rudiments de l'art de la peinture, et j'ai entendu les nommer rudiments parce qu'ils sont, pour les peintres sans érudition, les fondements de leur art. Tellement que ceux qui les entendront bien s'apercevront du profit considérable qu'ils leur procureront, tant pour l'inspiration que pour l'intelligence de la peinture et de tout ce dont nous devons parler. Or, que personne n'ait la prétention de jamais devenir bon peintre, s'il n'est pénétré jusqu'au bout des ongles de ce qu'il veut peindre. En vain ton arc est tendu, si tu ne sais où diriger ta flèche; et veuille bien te persuader, avec nous, qu'on ne saurait devenir peintre excellent qu'en apprenant à remarquer tout ce qui appartient tant aux contours qu'à toutes les quantités des surfaces. J'affirme qu'il ne sera jamais un habile homme d'art celui qui n'aura pas retenu avec une grande diligence tout ce que nous avons enseigné. C'est pourquoi c'est par une nécessité absolue que nous avons parlé des surfaces. Il nous reste maintenant, pour que nous formions un peintre, à rechercher comment il rendra avec la main ce que son esprit aura conçu.

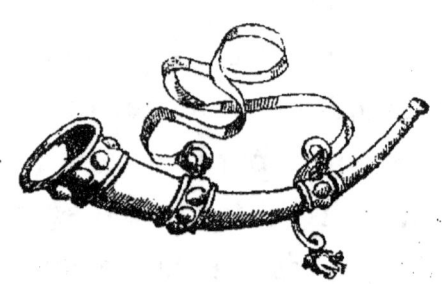

LIVRE DEUXIÈME.

LA PEINTURE.

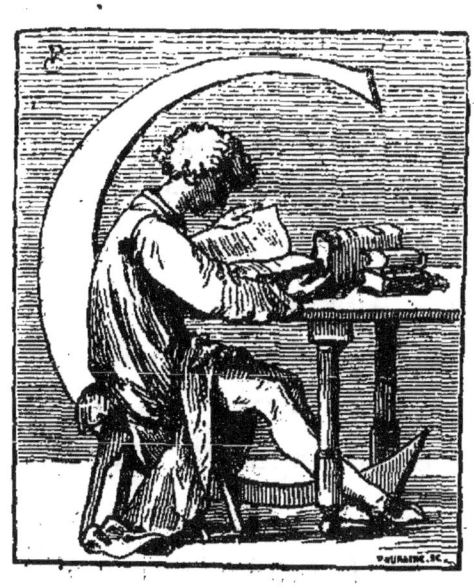

ᴇs moyens d'étudier pourront, sans doute, paraître trop laborieux aux jeunes gens ; aussi veux-je leur démontrer que la peinture n'est pas indigne que nous nous y appliquions avec tout notre zèle et toute notre ardeur. En effet, ne possède-t-elle pas en elle comme une force divine, cette peinture qui, entre amis, rend pour ainsi dire présent l'absent lui-même, et, qui plus est, peut, après bien des siècles, montrer les morts aux vivants, de telle façon qu'ils sont reconnus, à la grande admiration de l'homme d'art et au grand plaisir des spectateurs ? Plutarque nous rapporte que Cassandre, un des généraux d'Alexandre, comme il regardait une image de feu son maître, dans laquelle il reconnaissait la majesté royale, se prit à trembler de tout son corps; et qu'Agésilas, Lacédémonien, se trouvant trop laid, refusa de laisser son portrait à la postérité, ne permettant ni qu'on le peignît, ni qu'on le sculptât. C'est qu'en effet, les visages des morts mènent pour ainsi dire une vie prolongée par la peinture.

Mais, de ce que la peinture exprima les visages des dieux, objet de la vénération des peuples, on la regarda comme un des plus grands dons faits aux mortels. En effet, elle a rendu les plus grands services à la piété qui nous rattache aux immortels, et à la retenue des âmes dans les liens d'une religion inaltérée.

Phidias exécuta, en Élide, un Jupiter dont la beauté n'ajouta pas médiocrement au culte en vigueur. Mais ce que la peinture apporte aux jouissances honnêtes de l'âme et ce qu'elle ajoute à la splendeur des choses, nous le pouvons voir de reste, principalement en ceci, qu'il n'est d'objet si précieux que la peinture, par sa présence, ne rende plus précieux encore et plus important. L'ivoire, les gemmes et autres objets de prix gagnent encore au contact du peintre. L'or lui-même, travaillé par l'art de la peinture, a plus de valeur qu'à l'état de simple métal. Il n'est pas jusqu'au plomb, le plus vil des métaux, qui, transformé en une effigie quelconque sous les doigts d'un Phidias ou d'un Praxitèle, n'acquît un prix bien supérieur à celui de l'argent brut et non travaillé. Zeuxis avait cette coutume d'offrir ses œuvres en présent, car, disait-il, nul salaire ne les saurait payer. En effet, il pensait qu'aucun prix ne pouvait satisfaire l'homme qui, en peignant ou en sculptant des êtres animés, se considérait lui-même comme un dieu parmi les mortels. Donc, la peinture a cet honneur, que ceux qui la savent éprouvent, en voyant admirer leurs œuvres, comme un sentiment de leur ressemblance avec la Divinité. Et vraiment, n'est-elle pas la maîtresse et le principal ornement parmi tous les arts? C'est du peintre que l'architecte tient, si je ne me trompe, les architraves, les chapiteaux, les bases, les colonnes, les faîtes et toutes les richesses des édifices. C'est évidemment par la règle et l'art du peintre que le lapidaire, le sculpteur, les officines d'orfévreries et tous les arts manuels sont dirigés; enfin, il n'en est presque pas, si infime soit-il, qui n'ait quelque rapport avec la peinture. Si bien que tout ce qui touche à l'ornement semble, j'ose le dire, lui être emprunté. Elle a d'ailleurs été, par-dessus tout, tellement honorée des anciens, qu'alors que tous les artisans étaient compris sous la dénomination de *fabri*, le peintre seul en était exempt. Cela étant, j'ai coutume de dire, parmi mes familiers, que l'inventeur de la peinture doit être ce Narcisse qui fut métamorphosé en fleur. Qu'est-ce que peindre, en effet, si ce n'est saisir, à l'aide de l'art, toute la surface d'une onde? Quintilien suppose que les premiers peintres avaient coutume de circonscrire les ombres au soleil et d'augmenter leur travail par des adjonctions. Il y en a qui disent qu'un certain Philoclès, Égyptien, ou qu'un Cléanthès, je ne sais lequel, fut un des premiers inventeurs de cet art. Les Égyptiens assurent qu'il était pratiqué chez eux depuis six mille ans avant qu'il parvînt en Grèce. C'est de cette dernière contrée qu'il nous vint, dit-on, en Italie, après les victoires de Marcellus en Sicile.

Mais il importe fort peu de connaître le nom des premiers peintres ou des inventeurs de la peinture. D'autant que nous n'en faisons pas, comme Pline, l'historique, mais que nous en passons l'art en revue, et cela tout à nouveau. Car je ne sache pas qu'il y ait quelque traité subsistant des anciens auteurs. Cependant on affirme qu'Euphranor *Isthmius* écrivit quelque chose sur la symétrie et les couleurs (1), qu'Antigone et Xénocrate traitèrent de la peinture et qu'Apelles en fit un livre dédié à Persée. Diogène Laërce raconte que Démétrius le philosophe se distingua dans la peinture. Or, puisque nos ancêtres ont laissé des monuments de leur admiration pour tous les arts, j'estime que celui-là ne fut pas laissé de côté par nos vieux écrivains italiens. D'ailleurs, en Italie, les anciens Étrusques s'y distinguèrent par-dessus tous. Trismégiste, très-ancien auteur, pense que la sculpture et la peinture naquirent ensemble, avec la religion, car il dit à Asclépius : « La nature, se souvenant de son origine, figura les dieux à sa

---

(1) Εὐφράνωρ, statuaire et peintre grec, né dans l'isthme de Corinthe, élève d'Ariston fils d'Aristide de Thèbes, composa le traité *De symmetria et coloribus.* Il ne faut pas le confondre avec un Euphranor dont parle Vitruve, et qui fit un traité *De præceptibus symmetriarum.*

ressemblance (1). » Et qui pourrait nier que la peinture, aussi bien dans les choses privées que publiques, profanes que religieuses, ne se soit attribué la place la plus honorable?

Où trouver, entre tous les hommes d'art, quelqu'un dont on ait fait plus de compte que du peintre? On rapporte les prix incroyables de certains tableaux. Aristide de Thèbes vendit une peinture jusqu'à cent talents. On dit que Rhodes ne fut pas incendiée par le roi Démétrius, afin de sauver un tableau de Protogènes, et nous pouvons affirmer que Rhodes fut rachetée au prix d'une seule peinture. On a colligé bien d'autres récits afin de démontrer que les bons peintres ont toujours été louangés et honorés extrêmement par tous, de même que de très-nobles citoyens, philosophes et rois se sont délectés non-seulement à la vue, mais à la pratique de la peinture. Lucius Manilius, citoyen romain, et Fabius, personnage de noblesse urbaine, furent peintres. Turpilius, chevalier romain, peignait à Vérone. Sitedius, préteur et proconsul, se fit un nom par la peinture. Pausius, poëte tragique, petit-fils par sa mère du poëte Ennius, fit un Hercule dans le forum. Les philosophes Socrate, Platon, Métrodore, Pyrrhon, se distinguèrent dans la peinture; les empereurs Néron, Valentinien et Alexandre Sévère y furent très-appliqués. Il serait trop long d'énumérer tous les princes et tous les rois qui s'adonnèrent à cet art très-noble. Il y a encore moins lieu

(1) Voir la belle traduction d'Hermès Trismégiste, par M. Louis Ménard.

de citer la foule des peintres de l'antiquité. On peut s'en faire une idée en songeant que Démétrius de Phalère, fils de Phanostrates, détruisit par les flammes, en l'espace de quatre cents jours, trois cent soixante statues, tant équestres qu'en quadriges ou en biges. Pensez-vous que dans une ville où il y avait tant de sculpteurs, il dût y avoir peu de peintres? La peinture et la sculpture sont des arts qu'un même esprit entretient; mais je préférerai toujours le génie du peintre qui s'applique à une chose extrêmement difficile. Revenons à notre sujet.

La foule des peintres et des sculpteurs devait être grande en ces temps où les princes et les plébéiens, les doctes et les ignorants se délectaient de la peinture. Alors on exposait sur les théâtres, parmi les plus précieuses dépouilles des provinces, des statues et des tableaux. On en vint à ce point que Paul-Émile et un grand nombre de citoyens romains firent, entre autres arts libéraux, enseigner la peinture à leurs enfants, pour les dresser à une vie honnête et heureuse. Il faut noter ici, surtout, cette excellente coutume des Grecs, qui voulaient que les ingénus et les enfants, élevés librement, fussent instruits dans l'art de peindre en même temps que dans les lettres, la géométrie et la musique. Bien plus, la peinture fut en honneur auprès des femmes, et les auteurs célébrèrent les œuvres de Martia, la fille de Varron. Enfin la peinture fut en si grand honneur et en telle estime chez les Grecs, qu'ils rendirent un édit par lequel il était défendu aux esclaves de l'étudier, ce qui n'est pas une injustice, car cet art est

tellement digne des esprits les plus libéraux et les plus
nobles, que, pour moi, j'ai toujours jugé pourvu d'une
intelligence des meilleures et des plus élevées celui que
je voyais s'en délecter. Toutefois, la peinture est agréable
aux savants comme aux ignorants. En effet, il est rare,
quand elle réjouit les capables, qu'elle n'émeuve pas les
inexperts, et tu ne saurais trouver personne qui ne fût
grandement jaloux d'y exceller. La nature elle-même
semble s'être complu à peindre, car nous la voyons quelquefois représenter sur les marbres des hippocentaures
et des visages barbus de rois. On raconte que, sur une
gemme appartenant à Pyrrhus, on voyait les neuf Muses
représentées distinctement, par un effet naturel, avec leurs
attributs. Ajoutez qu'il n'y a pas d'art dont la pratique
ou l'étude, à quelque âge que ce soit, apporte un plus
grand contingent de plaisir à ceux qui le connaissent
comme à ceux qui l'ignorent. Qu'il me soit permis de dire
de moi-même, lorsque je me mets à peindre pour mon plaisir, ce qui m'arrive souvent quand mes autres affaires me
le permettent, que je persiste dans ce travail avec tant de
bonheur, que trois ou quatre heures s'écoulent sans que je
puisse le croire. Ainsi donc, la culture de la peinture sera
pour toi une cause de plaisir, et, si tu y excelles, une
source de louanges, de richesses et de perpétuelle renommée. Cela étant, et la peinture pouvant se considérer
comme le meilleur et le plus antique ornement des choses,
digne des hommes libres, agréable aux doctes et aux ignorants, j'exhorte de toutes mes forces les jeunes gens à se

livrer, autant qu'ils le pourront, à sa pratique; j'exhorte
surtout ceux qui sont épris de cet art à consacrer toute
leur étude et tout leur zèle à le porter à sa perfection.

Mais si vous cherchez à vous distinguer par la peinture,
ayant à cœur, avant tout, la renommée et la gloire que
vous savez avoir été si chères aux anciens, qu'il vous
plaise vous souvenir que l'avarice fut toujours l'adversaire
de l'honneur et de la vertu. L'esprit enclin à ce vice récol-
tera rarement le fruit de la postérité. J'en ai vu plusieurs
qui, au beau moment d'apprendre, s'étant adonnés au
gain, n'ont jamais pu, par cela même, acquérir l'ombre
de gloire ni la moindre fortune; tandis que, s'ils eussent
porté leur intelligence à l'étude, ils eussent atteint la réputation qui leur eût dispensé richesse et bonheur.

En voilà suffisamment à cet égard, revenons à notre sujet. Nous diviserons la peinture en trois parties : division
que nous avons empruntée à la nature elle-même. Or,
puisque la peinture s'évertue à représenter les objets visibles, remarquons de quelle manière les objets tombent
sous la vue. Tout d'abord, quand nous apercevons
quelque chose, nous voyons que ce quelque chose occupe
une certaine place. Aussi, vraiment, le peintre circonscrit-
il l'espace de cette place, et le fait de tracer les contours
s'exprime-t-il par le mot de *circonscription*. En considérant comment les diverses superficies du corps examiné
se relient entre elles, l'homme d'art dessine ses conjonctions à leur place propre et nomme cela avec justesse la
composition. Enfin, par la vue, nous discernons plus dis-

tinctement les couleurs des surfaces; et parce que la représentation de ce phénomène, en peinture, subit, par les lumières, diverses modifications, nous nommerons cela la *distribution des lumières.* Donc, la circonscription, la composition et la distribution des lumières constituent la peinture. D'où résulte ce que nous allons exprimer très-brièvement; et d'abord, examinons la circonscription.

La circonscription est cette opération qui consiste, en peignant, à tracer les circuits des contours. C'est en quoi excellait Parrhasius, ainsi que nous l'apprend Xénophon dans un entretien de Socrate. On rapporte, en effet, qu'il apporta le soin le plus délicat dans le tracé des lignes. J'estime que, dans cette circonscription, ils s'appliqua principalement à mener ces traits avec une grande finesse, d'une manière presque invisible, exercice où il lutta, dit-on, d'habileté avec Protogènes. Ainsi donc, la circonscription n'est autre chose que le tracé des contours, et s'ils se faisaient avec une ligne trop apparente, ils ne représenteraient plus les bords des superficies, mais bien plutôt de petites fissures. C'est pourquoi désiré-je qu'on ne vise pas à déterminer, par la circonscription, autre chose que les circuits des contours; et j'affirme qu'on s'y doit exercer extrêmement, attendu que, là où la circonscription sera mauvaise, il n'y aura lieu de louer ni la composition, ni la distribution des lumières. Tandis qu'au contraire, la circonscription toute seule peut encore être très-agréable à considérer. Applique-toi donc à cette opération, pour laquelle je ne sache pas qu'on puisse trouver rien de mieux que ce *voile* auquel j'ai coutume, avec mes amis, de donner le nom d'*intersecteur*. C'est moi qui en ai inventé l'usage.

Voici ce qu'il en est. Je tends sur un cadre un voile de fil très-fin et tissé très-lâche, de n'importe quelle couleur, divisé en carrés égaux parallèles au cadre par des fils plus gros; je l'interpose entre mon œil et ce que je veux représenter, de façon à ce que la pyramide visuelle pénètre au travers du voile par l'écartement des fils. Cette *intersection* du voile a en elle de fort grands avantages. Le premier, c'est de te représenter les mêmes superficies immobiles; car, ayant placé les premiers contours, tu retrouveras toujours les points de la pyramide suivant laquelle tu as opéré tout d'abord; ce qui, sans l'emploi de cet *intersecteur*, est chose fort difficile à obtenir. Or, sache qu'il est impossible, en peignant, de bien imiter un objet, si, tant qu'on le peint, on ne lui conserve pas toujours le même aspect. C'est ce qui fait que les peintures ressemblent bien plus au modèle que les sculptures, parce qu'elles conservent toujours le même aspect. Sache, en outre, que si tu changes la distance et la position du point central, l'objet lui-même paraîtra modifié. Aussi ce voile ou *intersecteur* sera-t-il, ainsi que je l'ai dit, d'une assez notable utilité, puisqu'il maintient l'objet sous un même aspect. Le premier avantage sera de pouvoir établir à des places certaines, sur le tableau qu'on exécute, la position des contours et les limites des superficies. En effet, considérant que le front tient en tel

carré, le nez dans celui au-dessous, les joues dans les plus
voisins, le menton dans le plus bas, et ainsi de suite
pour toutes les parties, chacune à sa place, tu peux colloquer de nouveau ces parties sur le tableau ou sur la paroi, dans des divisions parallèles préalablement établies.
Un autre avantage qu'apporte cet instrument à l'exécution de la peinture, c'est de te montrer dessinés et peints,
sur sa surface plane, tous les reliefs et les bosses de ce que
tu veux représenter. Par cela nous pouvons, avec de l'expérience et du jugement, voir suffisamment de quelle utilité peut nous être ce voile pour peindre avec facilité et
justesse. Je ne veux pas écouter ceux qui prétendent qu'un
peintre ne doit pas s'habituer à de semblables moyens,
parce que, bien qu'ils lui apportent un grand secours, ils
sont tels, que sans eux il ne saurait plus rien faire par lui-
même. Mais, si je ne me trompe, nous n'avons pas à de-
mander au peintre de prendre une peine infinie, mais seulement de nous rendre en peinture les reliefs exacts que
nous voyons dans les objets. C'est là, à moins que je ne
manque d'intelligence, une qualité qui me semble devoir
être obtenue beaucoup moins bien sans l'usage de ce voile.
C'est pourquoi, que ceux qui veulent progresser en peinture fassent emploi de cet *intersecteur* dont je viens
de les entretenir.

Toutefois, si quelques-uns entendaient exercer leur intelligence sans le secours de ces carreaux, qu'ils s'ima-
ginent sans cesse les avoir devant les yeux, tirant fictive-
ment une ligne transversale coupée par une perpendicu-

laire, afin de déterminer la position des contours. Mais, pour la plupart des peintres inexpérimentés, les contours des superficies paraissent incertains, comme, par exemple, dans les visages, sur lesquels ils ne savent souvent discerner l'endroit où s'arrêtent les tempes. Il importe de leur enseigner le moyen d'acquérir cette connaissance. La nature le démontre parfaitement. En effet, de même que nous distinguons les surfaces planes par les lumières et les ombres qui leur sont propres, de même aussi, parmi les surfaces sphériques ou concaves, pouvons-nous remarquer que celles qui contiennent plusieurs superficies se distinguent par plusieurs taches d'ombre ou de lumière. Ainsi, on peut tenir pour des parties différentes celles qui sont diversifiées par le clair ou par l'obscur. Que si une partie, passant insensiblement d'un effet ombré à un effet très-clair, formait une superficie unique, nous devrions tracer notre ligne au beau milieu, afin de ne pas être incertains quant à la manière de colorer tout le morceau.

Nous avons encore à dire quelque chose sur la circonscription, attendu qu'elle importe considérablement pour la *composition.* Mais il ne faut pas ignorer ce qu'on entend par cette dernière. La composition est une opération de la peinture par laquelle, dans une œuvre, on réunit les différentes parties. Le sujet est, pour le peintre, de la plus grande importance. Les corps sont les parties du sujet, le membre est une partie du corps, la superficie une partie du membre.

Or, la circonscription est cette opération de peinture

par laquelle on indique, en quelque objet que ce soit, les superficies des corps. Ces dernières sont petites chez les êtres animés, grandes sur les édifices et dans les colosses. Les préceptes donnés jusqu'ici sont suffisants pour arriver à circonscrire les petites superficies, et nous avons montré comment on peut en avoir raison à l'aide de *l'intersecteur*. Quant à la circonscription des grandes, il faut s'enquérir d'une autre méthode. Pour cela, nous devons *remémorer tout ce que nous avons dit dans les rudiments*, touchant les rayons, la pyramide et l'intersection. D'une autre part, il ne faut pas oublier ce dont j'ai parlé à propos du point central et de la ligne du même nom. Supposons que sur le sol, divisé parallèlement, nous ayons à élever les ailes d'un mur ou toute autre chose semblable, que nous nommerons superficies dressées. Je vais dire en peu de mots comment je ferai cette élévation. Tout d'abord, je commencerai par les fondations. J'inscris sur le sol la longueur et la largeur des murs. A ce propos, nous ferons remarquer cette loi naturelle qui consiste en ce que, dans un corps rectangulaire, on ne saurait jamais voir à la fois, sous un seul et même aspect, que deux superficies debout.

C'est pourquoi j'observe, en inscrivant les fondations des parois, de ne tracer que les contours des côtés qui tombent sous la vue, et je commence toujours par les superficies les plus rapprochées, principalement par celles qui sont parallèles à l'intersection. Je les trace donc avant toutes les autres, et j'établis, par des lignes parallèles sur le

sol, la longueur et la largeur que j'entends leur attribuer.
Ainsi, je prends autant de lignes parallèles que je pense à
leur donner de brasses, et je détermine le milieu de ces
parallèles par l'intersection des diamètres entre chacune
d'elles; si bien que, grâce à cette mesure des parallèlles,
j'inscris parfaitement la longeur et la largeur des murs
sortant du sol. Il ne m'est pas difficile, alors, d'établir la
hauteur de mes murailles. En effet, cette mesure, com-

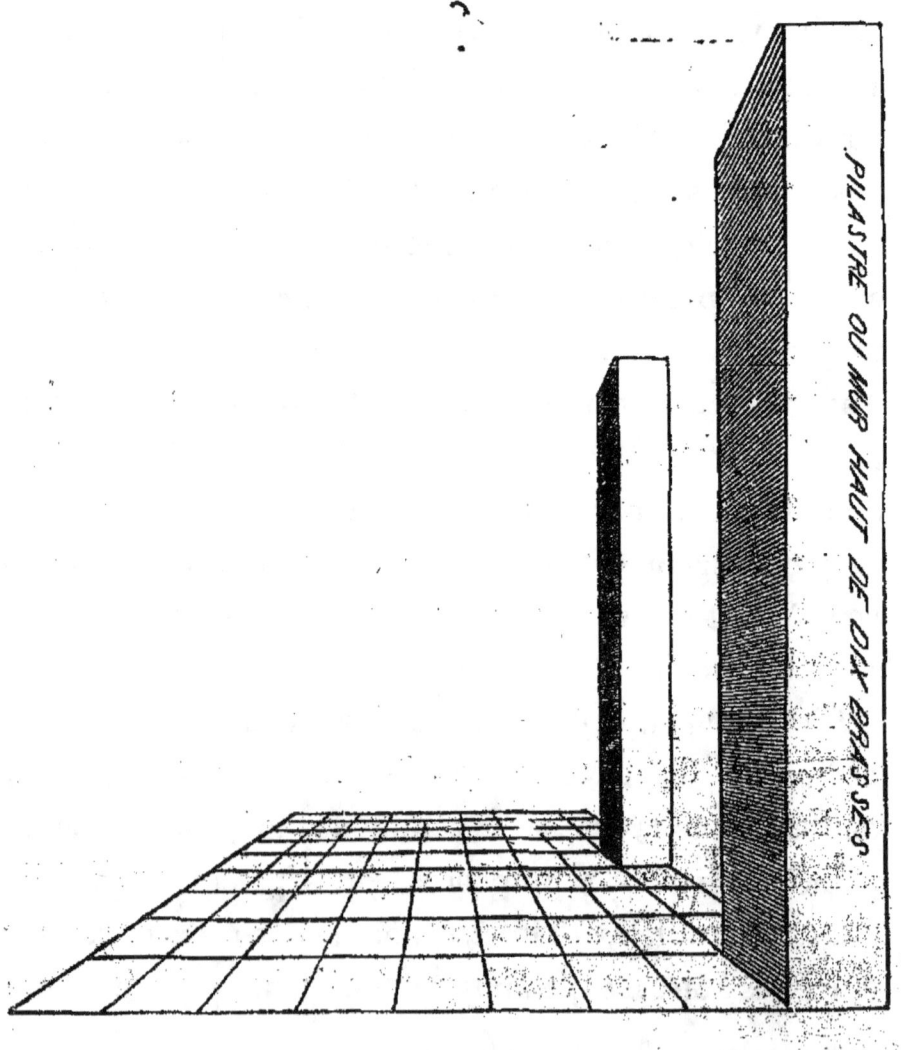

prise entre la ligne du centre et la place du sol d'où
s'élève la *quantité* de l'édifice, conservera la même mesure. Or, si tu voulais que cette *quantité* fût, à partir du
sol jusqu'au faîte, quatre fois de la hauteur d'un homme
qui y serait peint, en supposant la ligne du centre placée
à la hauteur de celui-ci, la quantité comprise entre le sol
et cette ligne mesurerait trois brasses d'élévation ; puis,
pour l'accroître jusqu'à ce qu'elle mesurât douze brasses,
superpose-lui trois fois la *quantité* comprise entre la base
et la ligne du centre. Ainsi donc, si nous retenons bien
ces préceptes de peinture, nous saurons circonscrire parfaitement les superficies formant des angles.

Il nous reste à dire comment on circonscrit, par leurs
contours, les superficies circulaires. Elles s'extraient des
superficies angulaires. Voici comment j'opère. J'inscris
une surface circulaire dans un rectangle équilatéral, dont
je divise les côtés en autant de parties égales que la base
du rectangle, où se fait la peinture, aura subi de divisions ; puis, de, chaque point, tirant des lignes au point
correspondant, j'en remplis le susdit rectangle. Là, j'inscris un cercle de la grandeur qui me convient, de manière
que ce cercle fasse, avec les parallèles, des intersections
que je note et que je reporte aux endroits correspondants
sur les lignes parallèles tracées sur le sol de mon tableau.
Mais comme ce serait un travail excessif que d'inscrire
tout ce cercle à l'aide de parallèles tirées à l'infini jusqu'à
ce que son contour se déterminât par d'innombrables
points d'intersection, je m'arrange pour ne le marquer

que par huit points ou à peu près, et puis je trace d'inspiration la circonférence, en la faisant passer par ces points déterminés.

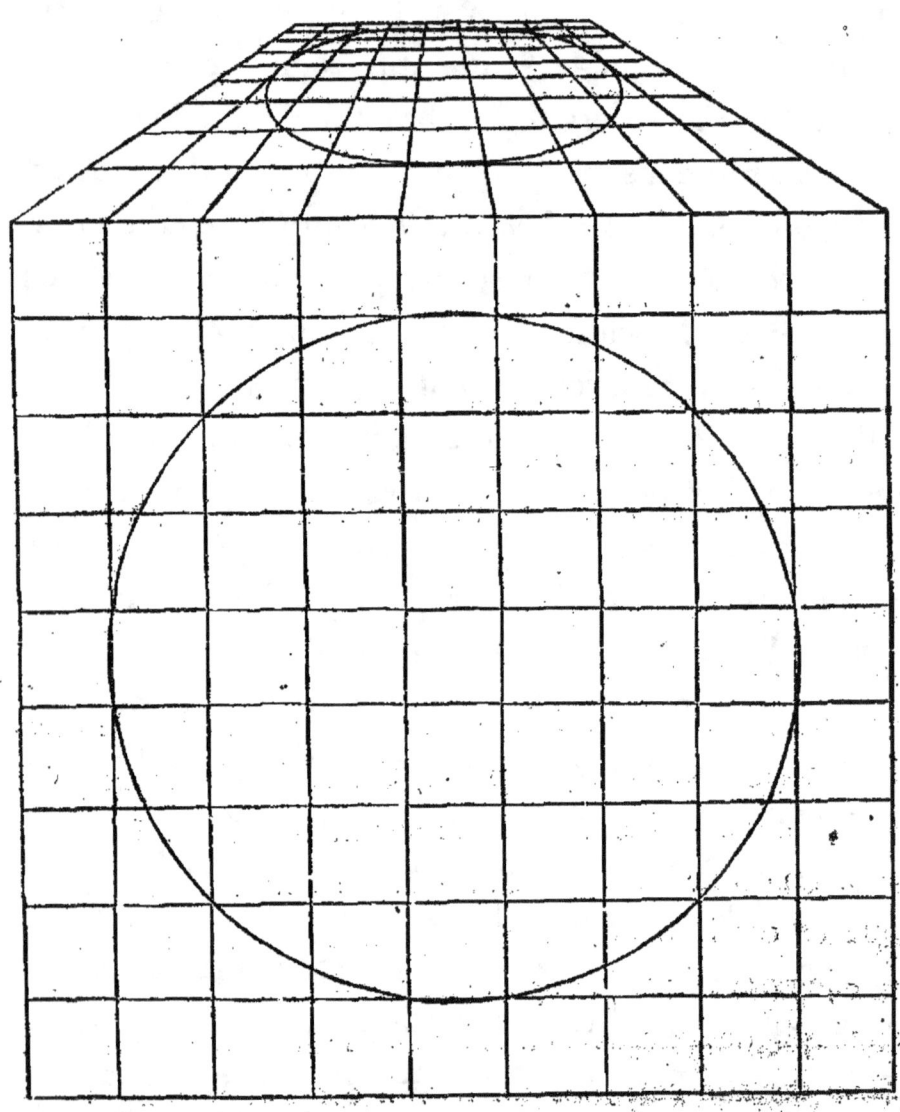

Il serait peut-être plus court de circonscrire ce contour par l'ombre que porterait une lampe, attendu que le corps qui causerait cette ombre recevrait la lumière d'après un principe certain et serait juste en place.

Nous avons donc défini la manière de tracer avec des parallèles les premières surfaces angulaires et circulaires. Après avoir dit tout ce qui a rapport à la circonscription, il convient d'en venir à ce qui regarde la *composition*. Nous ferons bien de répéter ce que c'est. La composition est cette opération de la peinture par laquelle, dans une œuvre peinte, on relie les différentes parties ensemble. L'œuvre la plus colossale ne consiste pas à représenter un colosse, mais un sujet; et il y a beaucoup plus d'honneur à rendre bien celui-ci que celui-là. Les corps sont les parties du sujet, la partie du corps est le membre, la partie du membre est la superficie; les parties élémentaires de l'œuvre sont donc les superficies. D'elles se composent les membres, des membres se font les corps, et des corps le sujet qui constitue l'œuvre dernière et absolue du peintre.

C'est de l'assemblage des superficies que résultent et cette convenance et cette grâce qu'on nomme la beauté. Car tel *facies* qui aura des superficies grandes et d'autres petites, trop saillantes d'une part et trop rentrées de l'autre, ainsi que le visage des vieilles femmes, sera certainement une chose laide à voir. Mais de telle figure qui aura ses superficies attachées de façon que de douces lumières s'y convertissent insensiblement en ombres suaves, qui n'aura aucune aspérité anguleuse, nous dirons avec raison qu'elle est belle et pleine de charme. Ainsi donc, ce qu'on doit surtout rechercher dans la composition des surfaces, c'est la grâce et la beauté. C'est pourquoi, quelle que soit la manière de nous y prendre, la plus certaine que je sache est encore d'observer la nature, examinant longtemps et avec soin comment cette merveilleuse ouvrière agence elle-même les superficies dans les beaux corps. Aussi importe-t-il extrêmement de prendre plaisir à l'imiter avec toute l'attention et tout le zèle possibles, en employant le voile dont j'ai parlé. Et quand nous aurons relaté et mis en œuvre les superficies des plus beaux corps, nous devrons nous occuper tout d'abord de leurs limites, afin de tracer des lignes à la place déterminée. Cela suffit quant à la composition des superficies. Voyons celle des membres.

Dans la composition des membres, ce qu'il faut avant tout observer, c'est qu'il y ait convenance entre eux. Cette convenance sera parfaite si, par leur grandeur, leur office, leur coloration, ou par toute autre propriété qui leur appartient, il y a entre eux cette correspondance qui fait la grâce et la beauté. Si, par exemple, dans un simulacre quelconque, la tête est grosse, la poitrine étroite, la main énorme, le pied gonflé, le corps obèse, la composition en sera laide à voir. Il y a donc, quant à la grandeur, une certaine raison qu'il faut observer; et pour obtenir les mesures en peignant des êtres animés, il est d'une importance capitale de considérer avec l'esprit quels sont les os, attendu que, ne se pliant jamais, ils se trouvent toujours en un lieu fixe et certain. Puis il convient de savoir mettre en place les nerfs et les muscles. Enfin, pour achever, il faut savoir revêtir avec la chair et la peau les ossements et la musculature. Peut-être qu'ici on m'objectera ce que j'ai dit plus haut, que le peintre n'a que faire de s'occuper de ce qui ne se voit pas. Soit; mais si l'on veut habiller des figures, il faut d'abord les tracer nues avant que de les vêtir; de même, si l'on veut peindre le nu, il faut savoir mettre en place les os et les muscles qu'on devra après recouvrir de chair et de peau, afin de n'éprouver aucune difficulté à reconnaître où ces premiers sont placés. Or, puisque la nature nous démontre elle-même toutes les mesures en les mettant parmi nous, le peintre studieux ne trouvera pas un médiocre avantage à les reconnaître, par son travail, sur la nature même. C'est pourquoi, que ceux qui sont diligents prennent cette peine, afin qu'ils sachent bien qu'ils profiteront autant à mettre leur étude et leur application à connaître la proportion des membres qu'à se la fixer dans la mémoire.

Une chose que je recommande principalement pour mesurer un être animé, c'est de prendre quelque partie de ses propres membres. L'architecte Vitruve dénombre les mesures de l'homme en se servant de son pied comme étalon. Je pense, quant à moi, qu'il serait plus convenable que les autres quantités se rapportassent à la mesure de la tête. Toutefois j'ai remarqué, chez l'homme, que la mesure du pied était presque toujours égale à celle du menton au sommet de la tête. Ainsi donc, prenant un membre, il faut, d'après lui, établir les autres; car, dans tout être animé, il n'y a aucune longueur ni aucune largeur de membre qui ne corresponde à celles des autres. Il faut encore bien veiller à ce que tous les membres remplissent bien leur office dans une action quelconque. Il convient, chez un coureur, que les mains ne se jettent pas plus loin que les pieds, et je préfère qu'un philosophe en prière trahisse, par sa membrure, plutôt la modestie que la gymnastique. Le peintre Dœmon représenta un Hoplite combattant qui semblait être tout en sueur, et un autre, déposant les armes, qu'on eût dit essoufflé. Il y eut tel peintre qui peignit Ulysse de façon que tu aurais reconnu en lui, non la folie véritable, mais la folie simulée. Les Romains font un grand éloge d'une peinture qui représente Méléagre apporté mort, et ceux qui l'entourent remplis d'angoisses et les membres affaissés. Cependant, chez un mort, il n'y a nul membre qui ne paraisse mort également ; tous pendent : les mains, les doigts, la tête, tombent languissamment. Tout, enfin, concourt à donner au corps l'aspect de la mort ; ce qui est d'une grande difficulté. Or, c'est aussi bien le fait d'un grand artiste de représenter, dans une figure, des membres oisifs que des membres animés et agissants. Donc, il faut observer, en peinture, que chaque membre remplisse bien l'office qui lui est propre et que la plus petite articulation ne laisse pas que de faire son service ; de telle sorte que tout membre inanimé ou tout membre vivant semble être tel jusqu'au bout des ongles. On dit qu'un corps est en vie quand, de son plein gré, il agit et se meut. On le dit mort lorsque les mem-

bres se refusent à continuer les offices de la vie, c'est-à-
dire le sentiment et le mouvement. C'est pourquoi le
peintre qui voudra que ses simulacres de corps paraissent
vivants devra faire en sorte qu'en eux chaque membre
exécute parfaitement ses mouvements. Mais il faut, dans
chaque mouvement, rechercher la grâce et la beauté. Or,
de tous, les plus agréables et qui semblent vivre davantage sont ceux qui s'élèvent en l'air. En outre, il faut dire
que, dans la composition des mouvements, il importe de
considérer l'espèce ; car ce serait le comble de l'absurde
si les mains d'Hélène ou d'Iphigénie paraissaient séniles
et rustiques ; si le torse de Nestor était représenté juvénile
avec une tête délicate ; si Ganymède avait le front ridé et
une jambe d'athlète ; ou bien si *nous donnions à* Milon,
le plus robuste des hommes, des flancs veules et grêles.
De même, dans les effigies où les visages sont solides et,
comme on dit, pleins de suc, il serait véritablement honteux de mettre des mains et des bras consumés par la maigreur ; tandis que celui qui peindrait Achaménides découvert par Énée dans son île avec le visage que dépeint
Virgile, sans lui donner des membres congruents à la
face, serait un peintre inepte et des plus ridicules. Ainsi
donc, il faut que toutes choses soient en rapport de convenance avec l'espèce, et je l'entends ainsi quant à la couleur. En effet, à des visages rosés, charmants, blancs
comme neige, un sein et des membres noirs et affreux ne
sauraient convenir.

Nous avons suffisamment dit tout *ce qu'il faut obser-*

ver dans la composition touchant la grandeur, l'office, l'espèce et la couleur. Il faut prendre garde à tout cela pour la dignité de l'œuvre. Il serait inconvenant de faire Minerve ou Vénus vêtue d'un sayon, et d'habiller indécemment Jupiter ou Mars d'une robe de femme. Les anciens peintres, dans leurs peintures, s'efforçaient de représenter Castor et Pollux tels que des jumeaux, et cependant ils faisaient sentir chez l'un la supériorité au pugilat, et chez l'autre à la course. Ils voulaient même que, chez Vulcain, le vice de claudication fût sensible sous ses draperies, tant ils prenaient de soins à rendre ce qu'ils voulaient exprimer, selon l'office, l'espèce et la dignité convenables.

Après cela s'ensuit la composition des corps qui constitue l'honneur et tout le génie du peintre, composition dont nous avons parlé quelque peu en traitant de celle des membres. Il est important que, dans le sujet, les corps soient en rapport de convenance quant à l'office et à la grandeur. Si, en effet, tu avais peint des centaures tumultueux dans un festin, il serait inepte de placer, en un désordre si sauvage, quelque individu sommeillant par ivresse. Ce serait également une faute que de faire des hommes situés sur un même plan beaucoup plus grands les uns que les autres; de même que si, dans un tableau, les chiens étaient de la taille des chevaux. Il faut blâmer aussi, ce que je vois souventes fois, des hommes représentés dans un édifice comme enfermés dans un écrin, où ils pourraient à peine se tenir assis ou courbés en deux. Il faut donc que tous les corps aient entre eux, suivant ce dont il s'agit, une convenance quant à la grandeur et quant à l'office. Mais, pour ce qui regarde un sujet qu'on puisse à juste titre louer et admirer, il faut qu'il se présente de telle sorte et pourvu de tels attraits qu'il paraisse agréable et orné, et retienne longtemps sous le charme et sous l'émotion l'esprit du spectateur instruit comme celui de l'ignorant. Ce qui, tout d'abord, dans un sujet, t'apportera quelque plaisir, c'est l'abondance et la variété des choses. De même que, dans la bonne chair et dans la musique, une abondance renouvelée charme, principalement, entre autres raisons parce qu'elle apporte quelque différence et quelque changement dans les choses anciennes et habituelles, ainsi l'âme se complaît extrêmement en toute abondance et en tout changement. C'est pourquoi la variété des corps et des couleurs est agréable en peinture. Je dirai qu'une composition est très-abondante lorsque, chaque chose à sa place d'ailleurs, on y verra mêlés des vieillards, des hommes faits, des adolescents, des jeunes garçons, des matrones, des vierges, des petits enfants, des animaux domestiques, des chats, des oiseaux, des chevaux, des pécores, des édifices, des campagnes. Or, je louerai toute abondance, pourvu qu'elle soit en parfaite convenance avec ce dont il s'agit. Il en résulte que plus les spectateurs sont arrêtés par la vue des choses, plus leur gratitude envers le peintre est considérable. Mais je voudrais que non-seulement cette abondance fût parée par la diversité, mais encore qu'elle fût pondérée et modérée par de la dignité et de la grâce. Je blâme vraiment ces peintres qui, voulant paraître féconds dans leurs œuvres et n'y pas laisser de place vide, au mépris de toutes les lois de la composition, y disséminent les objets d'une manière confuse et déréglée ; d'où il advient que le sujet ne semble plus être une action, mais bien un tumulte. Il se peut même que celui qui, avant tout, recherchera la dignité devra rechercher extrêmement la sobriété ; car, de même que chez un prince la sobriété des paroles ajoute à leur majesté, pourvu toutefois qu'on en comprenne le sens, de même aussi, dans un sujet, un nombre mesuré de corps répand de la dignité.

La variété donne de la grâce. Je redoute la pauvreté dans une composition, mais je craindrais bien plus une abondance qui ne s'accorderait pas avec la dignité. Aussi approuvé-je singulièrement ce qu'observent les poëtes, tant tragiques que comiques, alors qu'ils représentent leurs fables avec le moins grand nombre possible de personnages. A mon sens, il n'est sujet si compliqué qui ne se puisse rendre avec neuf ou dix personnages. C'est ainsi que je prise l'opinion de Varron qui, dans un banquet, tenant à éviter le tumulte, n'admettait pas plus de neuf convives. Mais comme la variété aura toujours un grand charme, la peinture où il y aura des attitudes et des positions de corps très-différentes plaira particulièrement. Il faut donc qu'il y ait des personnages vus de face, les mains levées, les doigts en mouvement, portant sur un pied ; d'autres la face en sens inverse, les bras pendants, les pieds joints. Surtout que chacun ait bien les inflexions et les mouvements qui lui conviennent. Que ceux-ci soient assis, à genoux, ou à demi couchés; que ceux-là soient nus s'il le faut, ou, par un compromis entre deux formes de l'art, à demi vêtus. Mais ayez soin d'observer toujours la pudeur et la modestie; que les parties obscènes ou dis-gracieuses soient voilées par des draperies, par des feuil-lages, ou bien couvertes avec la main. Apelles, en peignant Antigone, eut soin de représenter son visage du côté où n'était pas le défaut de son œil. On voit dans Homère, là où il décrit Ulysse naufragé sortant, à son réveil, de la fo-rêt et s'avançant à la voix de jeunes filles, qu'il lui donne un voile de feuilles d'arbres autour des parties honteuses du corps. On raconte que Périclès avait la tête trop longue et mal faite, aussi les peintres et les sculpteurs ne le re-présentaient pas la tête nue, comme les autres, mais ils le coiffaient d'un casque. Enfin Plutarque nous apprend que les anciens peintres, lorsqu'ils portraitaient des rois, avaient coutume, quant aux défauts, de ne pas vouloir paraître les avoir entièrement négligés, mais de les amen-der le plus possible. Ainsi donc, j'entends que la pudeur et la modestie soient si bien observées dans un sujet, que les laideurs soient laissées de côté, ou tout au moins ar-rangées. Je pense enfin, comme je l'ai dit, faire extrême-ment en sorte que le même geste ou que la même attitude ne se trouve pas répétée dans un tableau.

Un sujet sera capable d'émouvoir les spectateurs lors-que des personnages immobiles y manifesteront fortement les mouvements de leur âme. C'est un fait naturel que rien ne tend plus à la réciprocité; tellement que nous pleurons à l'aspect des larmes, que le rire provoque le rire et que nous souffrons en présence de la souffrance. Mais ce sont les mouvements du corps qui révèlent ces mouvements de l'âme; car nous voyons que les hommes chagrins, accablés de soucis et de maux, ont les sens engourdis, sont alanguis et vont lentement, les membres pâles et pendants. En effet, les mélancoliques ont le front baissé, la tête languissante et les membres comme affaissés et abandonnés. Les hommes colères, dont l'esprit est enflammé par l'emportement, ont le visage et les yeux gonflés, rougissent et se démènent vivement sous l'impression de la fureur. Mais quand nous sommes joyeux et gais, nos mouvements sont dégagés et d'une souplesse agréable.

On loua Euphranor d'avoir fait à Pâris-Alexandre un visage tel, qu'on discernait en lui tout à la fois l'élu des Déesses, l'amant d'Hélène et le meurtrier d'Achille. Ce fut un merveilleux honneur pour le peintre Dæmon qu'on pût reconnaître facilement, dans ses tableaux, l'homme violent, l'injuste, l'inconstant, aussi bien que le généreux, le clément, le miséricordieux, l'humble et le brave. Entre autres choses, on rapporte que le Thébain Aristides, presque l'égal d'Apelles, sut rendre en perfection ces mouvements de l'âme, et nous pourrons y exceller nous-mêmes quand nous voudrons bien y apporter l'étude et la diligence qui conviennent.

Il faut donc que les mouvements du corps soient parfaitement connus du peintre, et c'est dans la nature qu'il devra soigneusement les étudier. C'est une chose fort difficile, attendu que les mouvements infinis de l'âme font varier également ceux du corps. Quel est le peintre, s'il n'est très-expert, qui pourra croire jusqu'à quel point il est difficile, quand on veut rendre un visage qui rie, de ne pas le faire plutôt pleurant que joyeux ? Bien plus, qui se sentira capable, sans une étude et une application infinies, de traduire un visage où la bouche, le menton, les yeux, les joues, le front, les sourcils, s'accordent ensemble pour exprimer la douleur ou la joie ? C'est pourquoi il faut, là-dessus, consulter la nature, et imiter toujours, en premier, les aspects les plus fugitifs. Mais il faut peindre, de préférence à ce qui frappe seulement les yeux, ce qui cause une impression à l'âme.

Avant tout, disons quelque chose sur ce que nous a suggéré notre propre génie touchant les mouvements. Et d'abord, je crois qu'il importe que les corps, selon ce qu'ils ont à faire, se meuvent entre eux avec une certaine grâce. En outre, j'aime que, dans un sujet, il y ait quelqu'un qui fasse aux spectateurs comme un signe de la main, les invitant à voir ce qui s'y passe, ou bien, si au contraire il s'agit d'un acte mystérieux, que ce même personnage leur indique de s'éloigner par un visage et des yeux épouvantés ; qu'il te démontre enfin qu'il y a là ou un danger ou quelque merveille, et que, par ses gestes, il t'engage à rire ou à pleurer. Bref, il faut que tout ce que font les personnages entre eux, comme par rapport au spectateur, soit autant d'actes qui concourent au rendu et à l'éclaircissement du sujet. On vante le Cypriote Timanthe de ce que, dans le tableau par lequel il l'emporta sur Colotès (1), ayant fait Calchas affligé du sacrifice d'Iphigénie, Ulysse plus triste encore, et ayant réuni sur Ménélas tout ce qu'il avait d'art et de ressources pour exprimer le chagrin, comme il avait épuisé les formes de l'affliction et ne trouvait rien qui pût rendre la douleur du père, il lui couvrit la tête d'une draperie, laissant ainsi au spectateur à s'imaginer par son propre cœur une désolation plus grande que celle qu'eussent pu percevoir ses yeux. On vante également, à Rome, le navire de M. Giotto, peintre toscan, où il exprima si bien l'épouvante et la stupéfaction des onze apôtres à la vue de leur compagnon marchant sur les ondes, que chacun, à part soi, laisse voir le trouble de son âme et représente différemment, par les attitudes corporelles, l'effroi dont il est saisi.

Mais déduisons rapidement tout ce passage sur les mouvements. Il y a ceux de l'âme, que les doctes nomment des affections, comme la colère, la douleur, la joie, la crainte, etc. Les autres sont propres au corps. On dit que les corps se meuvent différemment, selon qu'ils croissent ou diminuent, qu'ils passent de l'état sain à l'état malade, et retournent de la maladie à la santé ; ou bien en-

(1) Colotès (Κολώτης), peintre grec qu'il ne faut pas confondre avec son homonyme, sculpteur élève de Phidias.

core quand ils changent de place. Nous autres peintres qui voulons exprimer les affections de l'esprit par les mouvements des membres, — mettant à part toute autre question, — nous traiterons seulement de ce mouvement, qu'on dit être produit lorsque la place est changée. Toute chose qui est changée de place a sept directions de mouvement, car elle est dirigée en haut ou en bas, à droite ou à gauche, en se retirant loin de là ou en venant à nous ; un septième mode de mouvement est celui qui consiste à tourner en rond. Je désire donc que tous les mouvements soient rendus en peinture ; qu'il y ait des corps qui se dirigent vers nous, d'autres qui s'en éloignent ; que les uns tendent vers la droite, d'autres vers la gauche ; que quelque nombre de ces corps se présente en face des spectateurs, qu'un certain nombre s'en éloigne ; que ceux-ci s'élèvent en haut, que ceux-là tendent vers le bas.

Cependant, en peignant ces mouvements, on transgresse en général toutes les règles. Aussi convient-il que je rapporte ici, sur la situation et les mouvements des membres, plusieurs observations que j'ai puisées dans la nature ; d'où nous devrons bien comprendre avec quelle mesure il faut employer ces différents mouvements. J'ai reconnu chez l'homme, en effet, combien, dans son attitude entière, tout son corps est subordonné à la tête, qui, de tous les membres, est le plus pesant. Or, s'il appuie tout son corps sur un seul et même pied, toujours ce pied, comme la base d'une colonne, sera placé perpendiculairement sous la tête ; et le visage d'une personne ainsi

posée est presque toujours tourné vers le point où le pied
est dirigé.

Nous avons remarqué que, quelquefois, les mouvements de la tête sont tels, qu'elle n'a pas toujours au-
dessous d'elle quelques parties du corps possédant une
pesanteur constante, à moins qu'elle n'attire, ce qui est
certain, quelque membre dans la partie opposée, comme
un bras de balance, pour lui faire contre-poids. Nous
voyons que ce fait a lieu lorsqu'une personne, soutenant
un fardeau à bras tendu, tient un pied fixé ferme-
ment comme le fuseau de la balance, et résiste, avec
toute l'autre partie du corps, pour maintenir l'équilibre.

J'ai compris que la tête de l'homme qui se tient debout
ne peut se pencher en arrière au delà de la position où les
yeux aperçoivent le milieu du ciel, et qu'elle ne saurait se
tourner par côté au delà du point où le menton atteindra
l'épaule. Quant à cette partie du corps où nous nous cei-
gnons, c'est à peine si nous pouvons la tourner en dedans
suffisamment pour que l'épaule arrive en droite ligne au-
dessus de l'ombilic. Les mouvements des bras et des
jambes sont plus libres, afin de ne pas gêner les parties
nobles du corps. J'ai remarqué, d'après la nature, qu'avec
le bras tendu les mains ne peuvent presque jamais s'élever au-dessus de la tête et le coude au delà des épaules, et
de même, que le pied, quand la jambe est tendue, ne saurait s'élever au-dessus du genou, ni s'écarter de l'autre
pied d'une quantité plus grande que sa propre mesure.

J'ai fait cette observation que, si nous élevons une main, toutes les parties qui sont de son côté, jusqu'au pied, suivent ce mouvement, et que le talon même est entraîné par le bras à se soulever du sol.

Il y a bien des choses semblables qu'un homme d'art habile apercevra, et peut-être que ces observations sont si évidentes, qu'il peut paraître superflu de les relater. Néanmoins, nous n'avons pas négligé de le faire, parce que nous avons remarqué que la plupart des peintres se sont gravement trompés à cet égard. Ils rendent, en effet, des mouvements trop forcés, et ils font en sorte que, dans la même figure, la poitrine et les fesses soient vues sous une même perspective ; ce qui est aussi impossible qu'indécent. Mais qu'ils sachent bien que leurs images aux mouvements forcés n'acquièrent une telle apparence de vivacité qu'en rendant des attitudes d'histrions, au mépris de toute dignité en peinture. Par ce fait, non-seulement leurs œuvres sont privées de grâce et de beauté, mais encore elles dénotent chez l'artiste un esprit déréglé. La peinture exige des mouvements doux et gracieux, appropriés à la chose dont il s'agit. Qu'il y ait chez les jeunes filles une allure et un extérieur élégants, parés de la simplicité de l'âge, agréables, et montrant de préférence à une attitude agitée des mouvements pleins de douceur et de la tranquillité. Toutefois, Homère, dont Zeuxis suivit le goût, préfère chez les femmes une forme très-vigoureuse. Que chez l'adolescent on exprime des gestes plus légers et joyeux, avec une certaine expression d'âme vaillante et virile. Qu'il y ait chez l'homme fait des mouvements plus fermes et des poses propres aux fortes luttes ; chez les vieillards, de la lenteur et des attitudes fatiguées, de sorte qu'ils ne soutiennent pas seulement leur corps à l'aide de leurs jambes, mais qu'ils s'appuient encore avec les mains sur quelque chose. Qu'enfin on donne à chacun, en conservant la dignité, des mouvements du corps en rapport avec les affections morales qu'on veut représenter ; car il est essentiel de signifier, à l'aide des membres, les plus grandes perturbations de l'âme.

Cette observation touchant les mouvements est absolument commune à tout être animé. En effet, il ne conviendrait pas qu'un bœuf qui laboure fît les mêmes mouvements que Bucéphale, le généreux cheval d'Alexandre. Cependant, nous pourrions peindre facilement cette célèbre fille d'Inachus qui fut changée en vache (*), la tête haute, les pieds levés et la queue entortillée.

Ces courtes remarques sur les mouvements des êtres animés seront suffisantes. Mais, maintenant, puisque je crois qu'il est nécessaire, en peinture, de rendre les mouvements des choses inanimées, je dois dire suivant quelles règles elles se doivent mouvoir. Le mouvement des chevelures, des crinières, des rameaux, des feuillages, des vêtements, bien exprimé, plaît dans une peinture. Je veux, en vérité, que les cheveux exécutent les sept mouvements dont j'ai parlé plus haut. Effectivement, il faut

---

(*) Io, fille d'Inachus, changée en vache par Jupiter.

que parfois ils tournent, qu'ils se nouent, qu'ils ondoient
dans l'air, imitant les flammes, et que tantôt ils se portent
sur les unes ou les autres parties. Il faut que les sinuo-
sités des rameaux se courbent en montant, rentrent et
se tordent comme une corde. Qu'il en soit ainsi des vêtements; qu'ils s'étendent de tous côtés comme les rameaux d'un arbre; que d'un pli naissent d'autres plis,
comme des branchages autour de la déesse Puta (*); que
les mouvements de ces plis soient rendus de telle sorte
qu'il n'y ait aucune partie des vêtements où on les
trouve semblables. Mais, comme je le recommande sans
cesse, que ces mouvements soient modérés et aisés, et
qu'ils tendent plutôt à montrer de la grâce que de la difficulté vaincue. Et puis, comme nous voulons que les vêtements se prêtent aux mouvements, et comme, de leur nature, ils sont pesants et tombent toujours vers la terre, il est
bon, en peinture, de faire que le zéphyr ou l'autan souffle
dans un coin du sujet et repousse ainsi les vêtements qu'il
rencontre. Il en résulte ce gracieux effet que, le vent frap-
pant le corps, les vêtements s'y impriment, et le nu apparaît à travers leur voile, tandis que, de l'autre côté, agités par le vent, ils débordent convenablement dans l'air.
Mais en rendant cet effet, il faut bien prendre garde que
les vêtements agités ne s'élèvent contre le vent, et ne soient
trop réprimés ou trop développés. Le peintre doit donc bien
retenir ce que nous venons de dire sur les mouvements

(*) Puta, déesse qui préside à la coupe des arbres.

des êtres animés et des choses inanimées. Il faut également observer tout ce que nous avons remarqué touchant la composition des surfaces, des membres et des corps.

Ainsi donc, nous avons traité au complet de deux parties de la peinture : la circonscription et la composition. Il nous reste à parler de la réception des lumières. Nous avons suffisamment démontré, dans nos premiers enseignements, quelle puissance ont les lumières pour modifier les couleurs : car, les genres des couleurs demeurant fixes, nous avons enseigné qu'elles deviennent tantôt plus claires, tantôt plus foncées, suivant l'application des lumières ou des ombres, et que le noir et le blanc sont les couleurs avec lesquelles nous exprimons en peinture le clair et l'obscur, tandis qu'on tient les autres couleurs pour la matière à laquelle s'ajoutent les alternatives de la lumière et de l'ombre. Mettant toute autre chose à part, il faut expliquer de quelle manière le peintre doit se servir du blanc et du noir.

Les anciens peintres s'étonnaient que Polignote et Timanthe ne se servissent que de quatre couleurs, et surtout qu'Aglaophon se complût à n'en employer qu'une seule. Ils pensaient qu'il était peu modéré que ces excellents peintres, parmi un si grand nombre de couleurs connues, en eussent si peu mis en usage ; d'où ils concluaient que le propre d'un maître fécond est de mettre en œuvre le plus grand nombre de couleurs possible. J'affirme avec raison que, pour la grâce et la beauté de la peinture, l'abondance et la variété des couleurs sont d'un

grand prix; mais je voudrais pourtant que les peintres instruits estimassent qu'on peut apporter une grande industrie et un art considérable dans la disposition du blanc et
du noir seulement, et qu'il faut déployer une rare intelligence et une parfaite habileté pour placer convenablement
ces deux couleurs. Car, comme la chute de la lumière et
des ombres produit un effet tel, qu'elles apparaissent en
tout endroit où les superficies se soulèvent ou se retirent
en creux, et en toute partie où elles déclinent ou fléchissent,
ainsi, l'arrangement du blanc et du noir produit l'effet qui
valait des louanges au peintre Nicias d'Athènes. C'est là
ce que doit d'abord rechercher l'artiste, afin que ses peintures semblent avoir un grand relief. On dit que le très-
noble et très-ancien peintre Zeuxis, à peu près le premier,
observa cette principale loi des lumières et des ombres;
mais on n'en fait presque pas honneur aux autres. Quant
à moi, je tiendrai pour nul ou médiocre tout peintre qui
ne comprendra pas parfaitement quelle puissance toute
ombre et toute lumière exercent sur les superficies. Mais,
de l'avis des savants et des ignorants, je priserai fort ces
figures qui semblent, comme des sculptures, sortir du tableau. Au contraire, je ne saurai que blâmer celles qui
n'auraient d'autre qualité d'art que dans les contours. Je
veux qu'une composition soit bien dessinée et bien colo-
rée aussi. Or, pour qu'un peintre échappe au blâme et
mérite des louanges, il faut qu'il observe surtout les lumières et les ombres. Il faut noter que la couleur doit être
plus brillante et plus claire sur une surface où tombent

des rayons lumineux, et qu'elle s'assombrit à partir de
l'endroit où la force de la lumière commence à s'affaiblir.
Enfin, il faut considérer ce fait par lequel les ombres correspondent toujours aux lumières dans un sens opposé;
de sorte qu'en aucun corps une surface ne saurait être
éclairée sans que les surfaces qui lui sont opposées soient
couvertes d'ombre. Mais j'engage fortement à imiter les
lumières et les ombres par le blanc et le noir, afin d'apporter une étude toute spéciale dans la connaissance des
surfaces qui sont touchées par la lumière ou l'ombre.
C'est ce que la nature, c'est ce que les objets mêmes vous
apprendront parfaitement. Lorsque, enfin, vous posséde-
rez bien ces notions, vous modifierez la couleur en son
lieu et place et dans ses contours par une quantité de blanc
extrêmement petite, et au même instant vous aurez soin de
poser quelque peu de noir dans la partie opposée, afin
que, par cet équilibre de blanc et de noir, pour ainsi dire,
un relief, s'élevant, prenne plus d'apparence. Vous conti-
nuez à ajouter ainsi ces deux couleurs avec la même modération, jusqu'à ce que vous sentiez être parvenu à un
effet suffisant. Le miroir sera un juge excellent pour l'apprécier. Je ne sais vraiment par quel phénomène une
peinture sans défaut paraît gracieuse dans le miroir, et il
est étonnant que les fautes y semblent plus grandes. Ainsi
donc, les choses faites d'après le naturel sont amendées
par le jugement du miroir.

Qu'on me permette de rapporter ici plusieurs observations que nous avons extraites de la nature. En effet,

nous avons remarqué que les surfaces planes conservent leur couleur uniforme dans toute leur étendue, mais que les surfaces sphériques ou concaves la voient modifiée ; car ici elle est plus claire, là plus foncée. Cependant une sorte de couleur moyenne est conservée en un certain endroit. Cette altération des couleurs sur les surfaces non planes présente quelque difficulté aux peintres paresseux ; mais si le peintre a bien tracé les contours des surfaces, ainsi que nous l'avons enseigné, s'il a bien indiqué la place des lumières, la manière de colorer sera facile alors. En effet, il peindra d'abord la surface en noir et en blanc, ainsi qu'il faut le faire, comme s'il épandait une légère rosée ; ensuite il arrosera de nouveau, si je puis dire ainsi, toute la superficie, mais en deçà des contours ; puis il reviendra par-dessus en deçà de cette dernière couche ; il en résultera que la partie lumineuse sera d'une couleur beaucoup plus claire qui se fondra comme une fumée dans les parties qui lui sont contiguës. Toutefois, il faut se souvenir qu'aucune superficie ne doit être peinte tellement blanche, qu'il ne soit pas possible de la blanchir encore. Même en représentant des vêtements blancs, il faut se tenir bien en deçà de l'extrême couleur blanche ; car le peintre n'a qu'elle pour imiter le dernier éclat des surfaces les plus brillantes, de même qu'il ne possède que le noir pour rendre les plus épaisses ténèbres de la nuit. C'est pourquoi, pour peindre des vêtements blancs, il faudra prendre une des quatre espèces de couleurs claires et brillantes, de même que, pour peindre un

manteau noir, il faut au contraire employer une couleur
à l'extrême opposé qui ne s'écarte guère du ton de
l'ombre, comme serait celui d'une mer sombre et pro-
fonde. Enfin, cet assemblage du blanc et du noir a une
telle puissance, qu'employé avec art et méthode, il peut
représenter, dans la peinture des surfaces, l'or, l'argent et
la splendeur du verre. On ne saurait donc trop fortement
blâmer les peintres qui emploient le blanc sans modération et le noir avec négligence. C'est pourquoi je voudrais
que la couleur blanche fût vendue aux peintres beaucoup
plus cher que les pierres les plus précieuses. Il serait à
souhaiter que la couleur blanche et que la noire se fissent
de ces perles que Cléopâtre liquéfiait dans du vinaigre;
cela ferait qu'on en serait plus parcimonieux. Les œuvres
en seraient plus belles et plus rapprochées de la vérité;
car il est difficile de dire avec quelle discrétion et quelle
méthode on doit distribuer le blanc en peinture. Zeuxis,
à cet égard, avait coutume de reprendre les peintres de ce
qu'ils n'avaient aucune notion de l'excès. Cependant, s'il
faut pardonner à l'erreur, ceux qui emploient le noir avec
profusion sont moins à blâmer que ceux qui gaspillent
du blanc sans modération; car, par la nature même,
nous apprenons, avec l'usage de peindre, à exécrer les
œuvres noires et horribles; et d'autant plus sommes-nous
instruits, d'autant plus laissons-nous nos mains incliner
vers la grâce et la beauté. En effet, nous aimons tous naturellement les choses claires et voyantes. Donc il faut
fermer avec soin la porte ouverte plus facilement à la faute.

Nous avons jusqu'ici parlé sur l'emploi du blanc et du noir; il faut y joindre quelques préceptes sur le genre des couleurs. Il s'ensuit donc que nous allons traiter de quelques-unes des espèces de couleurs; non pas, vraiment, comme l'architecte Vitruve, en déclarant où se trouvent es meilleures terres rouges et les couleurs les plus estimées, mais en indiquant par quelle méthode on doit combiner, en peignant, les couleurs préalablement bien choisies et bien broyées. On dit que le peintre antique Euphranor a rapporté par écrit quelque chose sur la matière. Ses écrits n'existent plus. Pour nous qui avons remis en lumière cet art de la peinture, soit que, décrit jadis par d'autres, nous l'ayons rappelé des demeures infernales, soit que, n'ayant jamais été décrit par personne, nous l'ayons tiré des cieux, nous continuerons cette œuvre pour l'instruction d'autrui, cela d'après notre propre génie, ainsi que nous l'avons fait jusque-là.

Je voudrais qu'en peinture les genres et les espèces de couleurs apparussent, autant que possible, munies d'une certaine grâce et d'une certaine douceur. Et vraiment il y aura de la grâce alors que les couleurs seront juxtaposées avec une exacte habileté. Que si vous peignez une Diane conduisant des chœurs de Nymphes, il conviendrait de donner des vêtements verts à celle-ci, des blancs à sa voisine, des pourpres à celle-là et des jaunes à cette autre. Qu'elles soient vêtues avec cette diversité de couleurs telle, que les claires soient toujours proches des plus foncées et d'un genre différent : car un tel assem-

22

blage procure, grâce à la variété, un grand charme, et grâce au contraste, une plus grande beauté. La couleur rouge placée entre le bleu de ciel et le vert leur communique une mutuelle noblesse. La couleur blanche placée entre le cendré et le jaune les enrichit d'une certaine gaieté, ainsi d'ailleurs que presque toutes les autres couleurs. Les couleurs foncées ne se placent pas parmi les claires sans une dignité remarquable, et de même les couleurs claires font le meilleur effet parmi les foncées. Le peintre mettra donc dans sa composition la variété de colorations que j'ai indiquée.

Il y a des personnes qui emploient l'or immodérément dans les tableaux, pensant que ce métal apporte au sujet une certaine noblesse. Je ne saurais les approuver. Si, par exemple, je voulais peindre la Didon de Virgile, dont le carquois était attaché par une ceinture d'or, les cheveux relevés par des rubans d'or, le vêtement maintenu par une agrafe d'or, et qui était traînée par des chevaux aux freins d'or, environnée d'or en un mot, je m'efforcerais de rendre tout cela avec des couleurs de préférence à de l'or, dont l'éclat blesse les yeux des spectateurs. Car, comme tout le mérite de la coloration gît dans un artifice, il est facile de voir que de l'or posé dans un tableau uni fait paraître obscures, aux yeux des spectateurs, des surfaces qui eussent dû paraître claires et brillantes, tandis que d'autres qui eussent dû paraître foncées sont présentées plus lumineuses. Assurément, je ne condamne pas les ornements ajoutés à la peinture, comme des colonnes sculptées, des bases et des chapiteaux, fussent-ils en or et en argent massifs très-purs, attendu qu'une composition bien achevée, enjolivée d'ornements de pierreries même, est chose fort convenable.

Jusqu'ici nous avons traité de trois parties de la peinture, en toute brièveté. Nous avons parlé du dessin, des superficies petites et grandes ; nous avons parlé de la composition des membres et des corps ; nous avons dit, à propos des couleurs, combien nous pensions qu'elles avaient d'importance pour le peintre. Nous avons donc traité de toute la peinture, que nous avons dit consister en trois choses : la circonscription, la composition, et la réception des lumières.

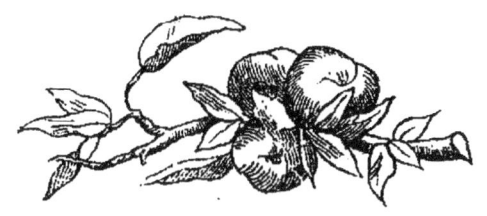

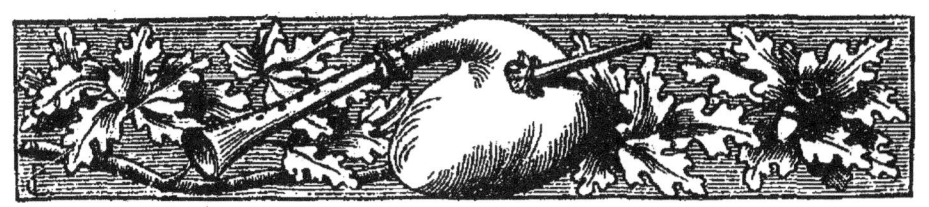

LIVRE TROISIÈME.

LE PEINTRE.

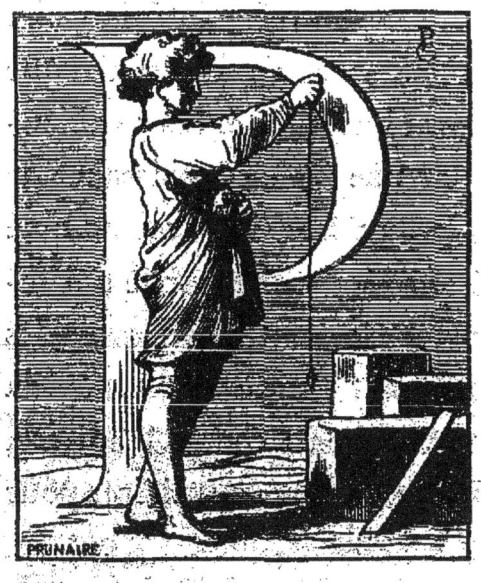

Pour faire un peintre accompli, en état de recueillir les louanges que nous avons énumérées, il nous reste encore à dire certaines choses que je ne crois pas devoir omettre en ces commentaires et dont nous parlerons très - brièvement. L'office du peintre consiste à circonscrire et à peindre, avec des lignes et des couleurs, tout corps qui se présente sous une superficie quelconque, à une certaine distance et suivant une position déterminée du rayon central, de sorte que tout ce qui sera représenté apparaisse comme en relief et très-semblable aux objets visibles.

Le but de la peinture est d'atteindre la gloire et de mériter la reconnaissance et l'estime plutôt que de rechercher les richesses. Le peintre obtiendra ce résultat d'autant que sa peinture captivera, touchera les yeux et l'esprit des spectateurs. Nous avons dit par quels moyens on y arrive lorsque nous avons disserté, plus haut, sur la composition et sur la réception de la lumière. Mais je désire que le peintre, pour obtenir tout cela, soit avant tout homme de bien et savant dans les belles-lettres. Car personne n'ignore que la probité, plus que le goût des arts et le mérite de l'habileté, vous concilie la bienveillance des citoyens; or, chacun sait que la bienveillance du plus grand nombre contribue énormément à la gloire de l'artiste comme à sa fortune. Aussi en résulte-t-il que souvent les hommes riches sont bien plus émus par bienveillance pour l'artiste que par une vraie connaissance de son talent même; et ils apportent le gain à cet homme probe et modeste, de préférence à un plus habile qui serait intempérant. C'est pourquoi le peintre doit avoir des mœurs honnêtes, de l'humanité et de la courtoisie. Cela lui procurera la bienveillance, rempart contre la misère, et lui rapportera des bénéfices, excellents auxiliaires pour perfectionner son art.

Je souhaite qu'il soit savant, autant que possible, dans tous les arts libéraux, mais je désire surtout qu'il soit versé dans la géométrie. Je suis de l'avis de Pamphile, très-ancien et très-illustre peintre, qui enseignait à des jeunes gens nobles les premiers éléments de la peinture. Il prétendait que nul ne saurait devenir bon peintre s'il ignorait la géométrie. En effet, les premiers éléments, d'où découle tout l'art de la peinture, deviennent clairs et faciles à l'aide de la géométrie. Quant à moi, je pense que ni les premiers enseignements, ni aucune règle de peinture, ne peuvent être saisissables aux gens étrangers à la géométrie; aussi affirmé-je que les peintres ne doivent la négliger sous aucun prétexte.

Il ne sera vraiment pas hors de propos qu'ils se délectent des poëtes et des orateurs, car ceux-ci ont assurément avec le peintre bien des beautés communes; et s'il est lettré et abondamment pourvu de la connaissance de maintes choses, il n'éprouvera pas un mince plaisir à établir élégamment une composition d'histoire. La gloire en gît surtout dans l'invention. Or, l'invention a une telle importance que seule elle a du charme, même en dehors de la peinture. C'est en faire l'éloge que de lire cette description de la Calomnie peinte par Apelles ainsi que le rapporte Lucien. Je pense, en vérité, qu'il n'est pas oiseux de la donner ici, afin que les peintres se tiennent pour avertis du soin qu'il faut apporter à la composition de semblables inventions.

« Un personnage est là avec de longues oreilles, aux côtés duquel se tiennent debout deux femmes : l'Ignorance et la Superstition. D'un autre côté, la Calomnie elle-même s'avance sous la figure d'une belle femme, au visage endurci, toutefois, par l'astuce. De la main gauche elle tient une torche enflammée, de l'autre elle traîne par les cheveux un adolescent tendant les bras vers le ciel. Elle a pour guide un homme pâle, difforme, au visage farouche, qu'on pourrait comparer avec justesse à ceux qu'une longue fatigue accable dans un combat. Il semble que ce soit la lividité même. Deux autres femmes sont encore là, compagnes de la Calomnie, occupées à parer leur maîtresse : ce sont la Perfidie et la Fraude. Derrière elles est le Repentir, couvert de vêtements sordides et suivi par la Vérité modeste et pure. Si un tel sujet, rien que par le récit qu'on en fait, tient l'esprit en éveil, combien pensez-vous qu'il doive avoir de grâce et de charme, rendu en peinture par un homme habile?

Que dire de ces trois jeunes sœurs qu'Hésiode nomme Aglaé, Euphrosine et Thalie, peintes les bras entrelacés, souriantes, avec leur vêtement transparent et dénoué? C'est par elles qu'on a voulu représenter la Libéralité, attendu que l'une des sœurs donne le bienfait, que la seconde le reçoit et que la troisième le rend.

En effet, toute libéralité parfaite doit posséder ces trois degrés. Voyez ainsi la gloire que de telles inventions apportent à l'artiste! Aussi ne saurais-je trop conseiller au peintre studieux de se rendre familier avec les poëtes, les rhéteurs et autres savants ès-lettres, et de captiver leur bienveillance; car il recevra de ces esprits érudits des notions excellentes qui lui seront d'un grand secours pour ces inventions qui font tant d'honneur à la peinture. Phidias, artiste parfait, avait appris dans Homère avec quelle majesté il devait de préférence représenter Jupiter.

Ma pensée est donc que nous aussi, en lisant nos poëtes, nous nous rendions plus fertiles, plus châtiés et plus avides du savoir que du lucre.

Cependant, il arrive que, la plupart du temps, le travail brise les hommes aussi studieux que curieux d'apprendre, bien plus parce qu'ils ignorent la vraie méthode de s'instruire que parce qu'ils ne prennent pas toute la peine nécessaire. C'est pourquoi ferons-nous connaître, tout d'abord, par quel moyen il nous faut devenir érudits dans cet art.

Avant toute chose, c'est à la nature que nous demanderons les degrés du savoir. Quant au perfectionnement, nous l'acquerrons par la diligence, l'étude et l'assiduité. Je voudrais que ceux qui se livrent à l'art de peindre observassent ce que je vois faire par les maîtres dans l'art de l'écriture. Car ceux-ci enseignent d'abord séparément les caractères des éléments, puis ils apprennent à composer les syllabes, et enfin les mots. Que les nôtres, en peignant, suivent donc la même méthode! Et d'abord, qu'ils apprennent par cœur le contour des surfaces, comme étant les éléments de la peinture, puis les liaisons de ces surfaces et les formes de tous les membres. Enfin, qu'ils confient à leur mémoire toutes les différences qui peuvent exister dans les parties, car elles ne sont ni médiocres ni peu notables.

Il y a des personnes qui auront le nez bossu, d'autres le nez épaté, recourbé, ouvert; quelques-unes présenteront une bouche saillante, quelques autres posséderont des lèvres minces, et, finalement, chaque membre aura quelque chose de particulier plus ou moins saillant, ou variera du tout au tout. Ne voyons-nous pas, en effet, que les mêmes membres sont chez nous, étant enfants, arrondis, comme faits au tour et très-légers, tandis qu'avec l'âge nous les prenons moins unis et presque anguleux? Celui qui étudie la peinture tirera toutes ces observations de la nature prise sur le fait; il méditera souvent en lui-même sur les règles en vertu desquelles ces choses existent. Car il examinera le torse d'une personne assise et comme quoi ses jambes s'en vont doucement en pente. Il remarquera la face entière et l'attitude de celui qui se tient debout. Enfin, il n'y aura aucune partie dont il ignore l'office et la *symétrie,* ainsi que disent les Grecs.

Il est bon qu'il tienne à la ressemblance dans toutes les parties, mais aussi, et par-dessus tout, à la beauté. Car la beauté, dans la peinture, n'est pas une chose moins agréable que désirable. Démétrius, ce peintre ancien, affaiblit grandement sa gloire, parce qu'il fut plus jaloux d'exprimer la ressemblance que d'atteindre la beauté. Il faut donc choisir toutes les parties estimées des plus beaux corps. Il faut tout d'abord s'efforcer, par l'étude et par l'art, de comprendre et d'exprimer la beauté, encore que ce soit ce qu'il y a de plus difficile au monde, attendu que ses splendeurs ne sont pas réunies sur un même point, mais qu'elles sont rares et dispersées. Cependant il faut apporter tout son zèle à la rechercher et à la connaître. Celui qui aura appris à saisir et à manier tout d'abord les choses de poids, le pourra facilement faire à son gré des choses moindres. Il n'y a rien de si difficile dont tu ne puisses venir à bout avec de l'étude et de l'assiduité. Mais, pour que l'étude ne soit pas vaine et stérile, il faut fuir cette coutume qu'ont plusieurs de vouloir atteindre à la gloire de la peinture uniquement par leur propre génie, sans observer, à l'aide des yeux et de l'esprit, le moindre aspect naturel. Ceux-là n'apprennent pas à bien peindre, mais ils s'habituent aux erreurs; car l'idée du beau, à peine saisie par les habiles, fuit à coup sûr ceux qui ne le sont pas.

Zeuxis, le plus excellent, le plus savant, le plus habile de tous les peintres, ayant à faire un tableau qu'il devait consacrer publiquement dans le temple de Diane, chez les Crotoniates, ne se mit pas à peindre, en se fiant témérairement à son génie, ainsi que tous les peintres ses contemporains; mais, comme non-seulement il ne pensait pas pouvoir trouver ce qu'il cherchait dans son propre génie, mais encore n'estimait pas le rencontrer dans un seul corps, en consultant la nature, il choisit, en conséquence, dans la jeunesse de la ville, cinq vierges les plus belles de forme, afin qu'il pût mettre dans sa peinture ce que chacune avait de plus exquis en beauté féminine. En vérité, c'était agir sagement. Effectivement, il arrive trop facilement aux peintres qui ne se proposent aucun modèle à imiter, alors qu'ils s'efforcent de saisir la splendeur de la beauté par leur seul génie, de ne pouvoir, quelque travail

qu'ils y apportent, atteindre cette beauté qu'ils recherchent ; mais ils tombent en plein dans des habitudes vi-
cieuses qu'ils ne peuvent éviter quoi qu'ils en aient. Celui
qui se sera accoutumé à tirer tout de la nature se fera
une main si exercée que, quoi qu'il entreprenne, il témoi-
gnera de son goût pour cette même nature.

Nous voyons de quel prix cela est en peinture. Car si,
dans un sujet, il se trouve la figure d'un personnage connu,
malgré que d'autres figures se montrent d'une exécution
magistrale, c'est celle qui est connue qui attire sur elle
tous les regards des spectateurs, tant ce qui semble naturel a en soi de charme et de force.

Prenons donc toujours dans la nature les choses que
nous devons peindre, et choisissons constamment en
elles ce qu'il y a de plus beau et de plus distingué. Cependant, il faut prendre garde de les traduire dans des
cadres trop petits, ce que font les peintres pour la plupart. Je voudrais que tu t'accoutumasses aux grandes
figures, approchant le plus possible de la dimension de
ce que tu entends exprimer. Car, dans les petites images
se cachent beaucoup de défauts très-grands ; dans de
grandes effigies, au contraire, de très-petites erreurs sont
visibles. Galien rapporte avoir vu, sculpté sur une bague,
Phaéton traîné par quatre chevaux dont on distinguait
parfaitement les freins, les pieds, le poitrail. C'est une
gloire que les peintres doivent abandonner aux graveurs
de pierres fines ; mais qu'ils s'exercent, quant à eux, dans
un champ plus vaste. Celui qui aura appris à exécuter

de grandes figures pourra sans peine et d'un trait en réussir de petites. Mais celui qui aura accoutumé son esprit et sa main à ces choses petites et mièvres se trompera très-facilement dans les grandes.

Il y en a qui s'efforcent d'imiter les œuvres des autres peintres et qui cherchent à s'en faire honneur. C'est ce qu'on rapporte du sculpteur Camalidès, qui cisela deux vases sur lesquels il imita si bien l'œuvre de Zénodore, qu'on n'en savait faire la différence. Mais les peintres tomberaient dans une grande erreur s'ils ne comprenaient pas que ceux qui ont peint une figure ont fait de grands efforts pour la représenter d'après nature, telle que nous la voyons au travers d'un voile. Que s'il vous plaisait, toutefois, d'imiter les œuvres d'autrui, de façon à faire montre ainsi d'une patience plus grande que par un travail entrepris d'après nature, je préférerais alors vous voir copier une sculpture médiocre plutôt qu'une belle peinture. Car d'après des choses peintes, nous habituons notre main à rendre un simulacre, tandis que d'après des sculptures, nous apprenons à exprimer la ressemblance et le véritable effet des lumières.

Pour bien percevoir ces dites lumières, il est utile de comprimer avec les cils la pénétration de la vue, afin qu'elles semblent obscurcies et apparaissent comme peintes par l'effet d'une intersection de la pyramide visuelle. On réussira beaucoup mieux en modelant qu'en peignant; car la sculpture est plus certaine et plus facile que la peinture. Je ne sache pas que quelqu'un puisse jamais peindre un objet dont il ne connaîtrait pas toutes les saillies. Or, les saillies sont plus facilement trouvées par la sculpture que par la peinture. Et véritablement ce n'est pas pour la chose un argument sans valeur que ce fait qu'en tout temps il a pu y avoir des sculpteurs médiocres, tandis que presque tous les peintres ont été ridicules et tout à fait inhabiles.

Que vous étudiiez la peinture ou la sculpture, il faut toujours vous proposer de regarder et d'imiter quelque modèle élégant et rare. J'estime qu'en l'imitant, il faille y apporter du soin joint à de la célérité, de telle sorte que le peintre n'aborde jamais son œuvre, avec le pinceau ou le crayon, sans avoir, tout d'abord, arrêté parfaitement dans son esprit ce qu'il doit entreprendre, ainsi que les perfectionnements qu'il doit y apporter. En effet, il est plus sûr d'écarter les erreurs par la pensée que de les racler par le travail. D'ailleurs, il arrive qu'en nous accoutumant à tout faire d'après une composition méditée, nous nous rendons des artistes beaucoup plus habiles, ainsi que fut cet Asclépiodore, qu'on rapporte avoir été le plus expéditif à peindre qui fut entre tous. Car l'esprit mis en mouvement par l'exercice devient en toute chose plus prompt, plus apte et plus habile, et la main conduite par une règle certaine du génie acquerra une grande célérité.

Mais ce qui fait que quelques peintres sont paresseux, c'est très-certainement parce qu'ils s'essayent lentement et tristement à une chose que leur esprit ne leur a pas éclaircie par l'étude. Et tandis qu'ils s'exercent dans ces ténèbres de l'erreur, méticuleux et comme aveuglés par leur pinceau, ils poursuivent, ils recherchent des voies inconnues et des issues, de même qu'un aveugle tâtonnant avec son bâton.

Que personne ne mette la main à l'œuvre, si ce n'est de propos délibéré et l'esprit bien éclairé. Mais comme la composition est la grande œuvre du peintre, celle où se doivent mettre et toute la richesse et toute l'élégance attenantes aux choses, il faut avoir soin d'apprendre, autant que nous le permet notre intelligence, à bien peindre non-seulement l'homme, mais aussi le cheval, le chien et toutes les créatures qui sont dignes d'être vues, afin que l'abondance et la variété, qui seules rendent une composition estimable, ne se fassent désirer que le moins possible dans nos œuvres.

C'est déjà un grand point, lequel n'a été accordé à grand'peine qu'à quelques anciens, je ne dis pas d'exceller en tout, mais seulement de s'y montrer passable. Cependant, je pense qu'il faut s'efforcer, avec tout le zèle possible, d'éviter que, par notre incurie, nous manquions de ces connaissances dont la possession procure une si grande gloire et qu'il est honteux de négliger. Nicias, peintre athénien, peignit très-habilement les femmes, mais on rapporte que Zeuxis l'emporta de beaucoup sur tous en peignant les corps féminins. Héraclide se distingua dans la décoration des navires. Sérapion ne pouvait peindre l'homme et exprimait très-bien toute autre chose. Alexandre, celui qui peignit le portique de Pompée, excellait à représenter tous les quadrupèdes et les chiens principalement. Aurélien, toujours amoureux, se plaisait à peindre des déesses et à leur donner le visage de ses amies. Phidias s'efforçait plutôt d'exprimer la majesté des Dieux que la beauté des hommes. Euphranor avait tout à fait à cœur de traduire la noblesse des héros, ce en quoi il excella par-dessus tous les autres. Ainsi, chacun n'eut pas une faculté égale. Car la nature a départi à chaque intelligence des dons particuliers dont nous ne devons pas nous satisfaire à ce point que nous abandonnions toute tentative pour aller au delà; mais nous devons pratiquer et augmenter les dons de la nature, par l'art, l'étude et l'exercice. En outre, rien de ce qui touche à la gloire ne doit être par nous négligé.

En somme, quand nous voulons peindre un sujet, réfléchissons tout d'abord longuement suivant quel ordre et d'après quelle règle il convient de le composer, puis, en en jetant le plan sur le papier, nous commenterons, soit le sujet tout entier, soit chaque partie du sujet en particulier, consultant nos amis à cet égard. Enfin, nous tâcherons d'avoir tout médité en nous-même, de telle sorte qu'il n'y ait rien dans notre œuvre que nous ne sachions parfaitement en quelle place nous le devons mettre. Or, afin d'y parvenir plus sûrement, nous ferons bien de diviser les études par des lignes parallèles, afin que, dans l'ouvrage destiné au public, les choses soient établies d'après les travaux particuliers et dûment mises en leur place.

Mais nous apporterons à l'exécution de notre œuvre cette diligence qui doit être réunie à la promptitude d'agir. Que l'ennui, surtout, ne nous éloigne pas de poursuivre notre travail, et que le désir de l'achever ne le précipite pas. Il faut interrompre de temps en temps l'application qui fatigue, et récréer son esprit. Avant tout, il faut éviter ce qui arrive à la plupart qui entreprennent plusieurs travaux, les commencent et les rejettent sans les achever. Mais, ce que tu auras une fois commencé, tu devras l'achever complétement dans chacune de ses parties. Quelqu'un montrant à Apelles une figure, lui disait : « Je l'ai peinte en une heure. » Celui-ci lui répondit : « Cela se voit clairement, sans que tu le dises, et je m'étonne que tu n'en aies pas peint plusieurs de cette façon-là. » J'ai vu des peintres ou des sculpteurs, des orateurs et des poëtes, si toutefois on peut dire que de notre temps il y ait des orateurs et des poëtes, entreprendre un ouvrage avec un zèle ardent qui, ensuite, quand cette ardeur d'esprit venait à s'éteindre, laissaient leur œuvre ébauchée et inachevée pour se remettre, avec le désir de faire toute autre chose, à quelque nouveau travail. Je les blâme ouvertement ; car tous ceux qui désirent que leurs œuvres soient agréables à la postérité et qu'elle les accepte, doivent, auparavant, les bien méditer, afin de les rendre en perfection avec de très-grands soins. En effet, dans bien des choses, la diligence n'est pas d'un moindre profit que le génie.

Mais il faut éviter cette superstition oiseuse de ceux qui,

voulant laisser des œuvres exemptes de tout défaut, et les trop perfectionner, font que leur peinture est minée de vétusté avant même que d'être achevée. Les anciens peintres avaient coutume de blâmer Protogènes, parce qu'il ne savait pas écarter sa main de son tableau. C'était vraiment à bon droit : il faut, en effet, s'efforcer, si l'on est sage, d'apporter aux choses un soin en rapport avec ses forces intellectuelles, pourvu qu'il soit suffisant. C'est le propre d'un esprit obstiné plutôt que diligent, de vouloir en toute chose plus qu'il n'est possible ou qu'il ne convient. Il faut donc apporter du soin, mesurer et consulter ses amis. Il convient même, en travaillant, de recevoir et d'entendre passivement tous les spectateurs. C'est ainsi que l'œuvre du peintre pourra plaire à la multitude. Non-seulement il n'en dédaignera pas le jugement et la censure, mais encore il convient qu'il donne satisfaction à ses critiques. On rapporte qu'Apelles se cachait seul derrière son tableau, afin de pouvoir entendre, en conservant sa dignité, les visiteurs parler plus librement et indiquer les défauts de son ouvrage.

Je veux donc que nos peintres écoutent fréquemment et ouvertement tout le monde, interrogeant chacun sur ce qu'il pense, puisqu'ils y peuvent gagner quelque avis ou quelque avantage. Il n'y a personne, effectivement, qui ne se tienne pour honoré de donner son opinion sur les travaux d'autrui. Or, il n'y a nullement à craindre que le jugement des critiques et des envieux puisse enlever quoi que ce soit à la gloire du peintre. La gloire du peintre est manifeste, elle est rapide quand il a pour lui le témoignage de sa peinture bien faite. Qu'il écoute donc tout le monde, qu'il réfléchisse à part lui, et qu'il corrige ses œuvres. Ensuite, quand il aura écouté l'avis de chacun, qu'il se rende à celui des plus habiles.

C'est là ce que j'ai cru, dans ces commentaires, devoir rapporter sur la peinture. Si ces choses sont telles qu'elles puissent procurer aux peintres quelque facilité et quelque service, j'attends, comme principale récompense de mes travaux, qu'ils représentent ma figure dans leurs compositions, afin d'exprimer par là qu'ils se souviennent de mon bienfait, qu'ils en sont reconnaissants et que j'ai été passionné pour l'art. Mais, si je n'ai pas répondu à leur attente, qu'ils ne me blâment pas, cependant, d'avoir osé entreprendre une tâche aussi grande. Car, si notre esprit n'a pu mener à bien ce qu'il est honorable d'avoir tenté, qu'ils se souviennent néanmoins qu'ordinairement c'est chose louable, dans les grandes entreprises, d'avoir voulu ce qui est très-difficile. Il se peut qu'il y ait des gens qui corrigent nos fautes et qui, dans cette matière très-excellente et très-digne, puissent, beaucoup plus que nous, venir en aide aux peintres. Si cela doit être, je les prie et je les conjure d'entreprendre, avec un esprit vif et prompt, cette tâche, avec laquelle ils exerceront leur génie et perfectionneront extrêmement cet art très-noble. Cependant, nous nous laissons aller à la joie d'avoir, le premier, atteint cette gloire, puisque, le premier, nous avons cherché à mettre par écrit cet art très-délicat. Si nous n'avons pu

rendre parfaite, aux yeux des lecteurs, la très-difficile be-
sogne que nous avons entreprise, ils doivent, plutôt qu'à
nous, s'en prendre à la nature, qui semble avoir imposé
aux choses cette loi en vertu de laquelle il n'y a aucun art
qui n'ait pris son origine dans des commencements très-
imparfaits. Car on dit qu'il n'y a rien qui soit né et per-
fectionné en un même temps. Mais ceux qui viendront
après nous pourront peut-être, s'ils y mettent tout leur
zèle et tout leur génie, rendre cet art parfait et achevé.

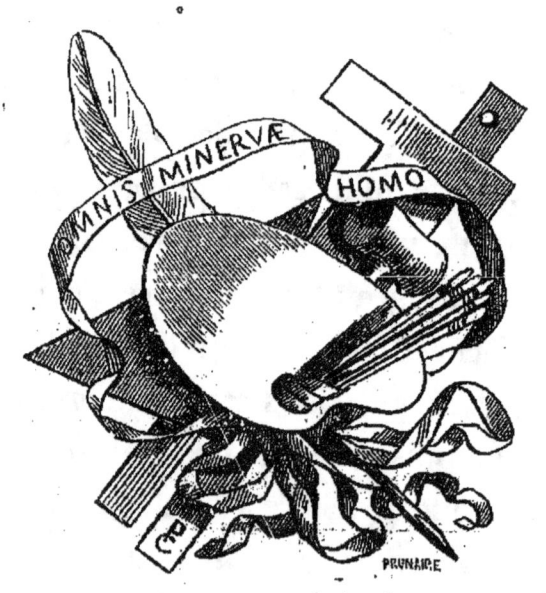

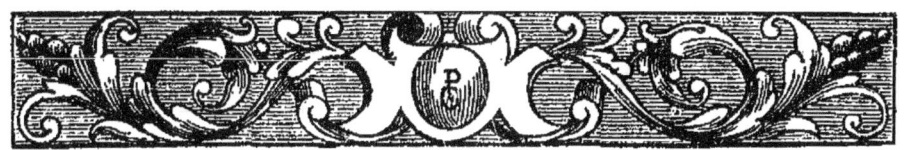

ÉPILOGUE.

———

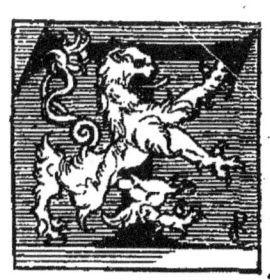els sont, ami lecteur, ces petits traités d'Alberti. Je me suis fait scrupule de m'écarter du texte, et je l'ai suivi mot à mot. Encore que mon français soit trop latin, tu me sauras gré, sans doute, d'avoir rendu mon auteur dans toute sa naïveté, sa simplicité, son absence voulue d'artifices. En faisant bon marché des ornements du langage, je suis demeuré dans l'esprit de notre Battista, qui n'apporte en ces deux opuscules aucune prétention à l'éloquence : « Quod sine ulla eloquentia brevissimè recitata sunt. » Et pour para-

phraser ses excellentes paroles, moi aussi je serai heureux, si les zélateurs des bons arts trouvent dans mon travail quelque plaisir et du profit; mais, ne pouvant, comme Alberti, réclamer pour prix de ma peine qu'ils traduisent mon image dans leurs œuvres, je leur demanderai toutefois qu'ils gardent mon nom dans leur souvenir.

IMPRIMÉ PAR D. JOUAUST

POUR A. LÉVY, LIBRAIRE-ÉDITEUR

RUE DE SEINE, 25

A PARIS

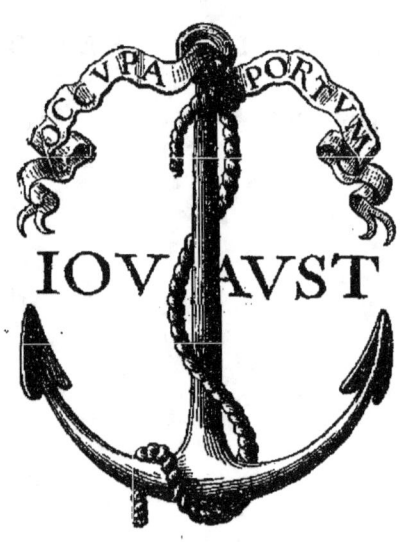

www.ingramcontent.com/pod-product-compliance
Lightning Source LLC
Chambersburg PA
CBHW071534220526
45469CB00003B/775